이 땅에서 만나는 이웃종교들

종교와 사회 총서 003

이 땅에서

만나는

이웃종교들

이 종 찬 지음

어느 한 지혜 전통이 우리에게 말을 건넨다면, 우리는 이를 조용히 경청하는 것으로 시작한다. 이러쿵저러쿵 비판할 필요가 없다. 왜냐하면 ○○○○ ○○건은 우리에게 새로운 무엇인가를 전하는 것이고, 유한한 모든 것은 어느 정도 흠이 있게 마련이기 때문이다. 계속해서 이를 경청하고 있으면, 한 가지 ○○○○○○에서 담아낼 수 없었던 더 넓은 진리의 존재를 알게 되는 법이다. 아울러 우리는 세속주의자들을 포함한 또 다른 이들의 신앙 형태 대해서도 문을 열어 ○○○○○○○. 이 속에서 무엇보다도 중요한 점은 먼저 경청해야 하는 것이다. 구태여 강조하지 않더라도 다원화된 오늘의 지구촌 시대에 이러한 자세는 필연적으로 다가오고 있다. 오늘날의 공동체는 더 이상 각각의 전통에 갇혀 있는 ○○ 아니라 전 지구적인 이웃이 되었다. 신앙인이라 함은 하늘이 이루는 곡괭이 소리를 듣는 사람들이다. 이러한 이해는 고등종교 내의 본래적인 가치이고, 이는 ○○○보다 상호존중을 필요로 한다. 두 손 모아 하늘의 소리를 듣는 것은 바로 사랑의 마음을 품어야 하는 작업이다. 이 사랑은 서로 다른 이들에 대한 의혹과 오○○○○○○○○재울 수 있는 유일한 능력이며, 작기는 하지만 매우 소중한 이 지구의 인간들을 서로서로 연결시켜주는 하늘의 선물이다. 이러한 사랑이라는 것은 서로를 이해하게 된다는 것을 뜻한다. 이 말은 역으로도 성립하는 것이다. 사랑은 이해를 가져온다. 이 두 가○○○○○○○이다. 그러므로 우리는 이해하기 위해서 경청해야만 하고, 또한 지혜 전통 모두가 담고 있는 사랑을 실천하기 위해서도 마땅히 경청해야만 한다. 우리 ○○○○종교들에 대해서 진지하다면, 마땅히 그들이 주시해 주길 바라는 만큼 진지하고 성실하게 그들을 주목해야만 하는 것이다. 경청하지 않고말하는 것보다 더 ○○○○ 무시하는 것은 없다. 특별히 이 땅에서 만났던 근대 신흥 민○○○○○ 공통적으로 드러나는 후천개벽의 메시아니즘이라든지, 무극○○○ ○선사상을 폭○○○○하고, 갖가지 주문 등을 대중화의 방편으로 받아들이고, 종○○○○ 먹물을 마신다든지 하는 모습들은, 기본적으로 신앙○○ ○○○○르침을 폭넓게 더불어 누리려는 자세를 드러내 준다. 이러한 모습은 교리와 ○○○○개비방망이처럼 휘두르는 서구의 종교 양식과는 ○○○○○○를 보여준다. 이러한 점을 일찍이 알아차린 이들은, 서구적인 세계○○○○ ○ 땅에 복음을 전하기 위하여 다가왔던 몇몇 선교○

도서출판 모시는사람들

책머리에

겨울학기 마지막 강의를 끝내던 날, 같이 공부하던 학생들과 어울려 자장면으로 마무리하였다. 음식점을 나서면서 학생들이 머뭇머뭇 선물을 내게 건넸다. 강사에 지나지 않는 내게 호주머니를 턴 이들에게 뭉클하게 고마운 마음이 들었고, 집에 돌아오면서 내가 이들에게 줄 수 있는 선물은 무엇일까 곰곰 생각해 보았다. 무엇보다 난삽하기 그지없는 학문의 세계에서 변변한 교재 없이 망망대해로 학생들을 무작정 내모는 것은, 버거운 등록금 마련과 아울러 학점에 허덕이는 그들에게 무척이나 고역이다. 그래서 여기저기서 강의하던 자료를 주섬주섬 모았고, 기회가 주어지는 대로 부지런히 다듬어 불쑥 용기를 냈다.

이 땅에서 만나는 이웃종교에 대한 관심을 갖게 된 것은, 신학교 입학 무렵 교회학교에서 어린이를 만나던 때였으니 얼추 30년 전쯤 되는 셈이다. 그때 짬을 내어 새로 맡은 어린이들의 집을 방문하게 되었는데, 교회 옆의 어느 집에 들러 대문을 두드리고 인사를 드렸다. 그 어린이는 교회에 새로 나오긴 했지만, 알고 보니 어머니는 독실한 불교 신자였다. 그럼에도 그 어머니는 매번 먼 거리에 있는 절에 아이를 데리고 갈 수 있는 처지가 못 되었기 때문에, 집 옆의 가까운 교회라도 나가는 것이 아이에게 도움이 되리라는 뜻밖의 말씀을 주셨다.

한반도의 종교 세계는, 서구 학문이 제국주의와 정복주의의 야심을 펼쳐 보려는 의도에서 이루어낸 식민주의적 오리엔탈리즘으로는 쉽사리 그 실타래를 풀어내기 어렵다. 무엇보다도 서구에서 말하는 종교의 정의나 논리는 언제나 오리엔탈리즘의 세계를 벗어날 수 없게 마련이다. 서구 오리엔탈리즘의 철학이라든지 존재 이해의 근저에는, 대상화하고 도구화하는 일정한 한계가 도사리고 있다는 사실을 잊지 말아야 한다. 또한 서구의 잣대뿐만 아니라 동아시아에서 벌어졌던 제국주의나 패권주의의 탈도 벗어야 한다. 그럴 때에야 비로소 한반도에서 펼쳐지는 종교의 세계라든지 그 기반이 되는 존재 양식에 대한 적나라한 이해가 열려지게 된다.

사실 이 글은, 이 대학, 저 대학 보따리장사를 하면서 학생들과 씨름하다가 일일이 자료를 찾기가 번거로워 자연스레 모은 헝겊 조각들을 짜깁기한 것에 불과하다. 무엇보다도 매우 긴요한 글들이었음에도 불구하고 시간이 흐름에 따라 출판사나 세간의 관심에서 사라져 버린 책의 경우, 공부하는 학생들이 일일이 구하기가 여간 어려운

것이 아니었다. 그럼에도, 나 역시 이러한 작업에 선뜻 나설 수 있는
처지는 아니었다. 시간에 맞추어 설교 준비하기에 빠듯한 마음가짐
이 우선 그렇거니와, 마땅한 임자가 없어 나 같은 보따리 뜨내기를
불러대는 현실에 어쩔 수 없이 끌려 다니다 보니 그만 선무당 칼부림
이 된 셈이다. 모쪼록 학문적 역량 있는 선학들이 모자란 구석을 제
대로 기워 주길 바란다.

2008년

감나무 꼭대기 까치밥이 고즈넉한 인왕산 자락에서

言誠 비나리

목차

제4장 한국의 불교 수용과 그 발전

세속에 시달려도 번뇌는 별빛이라 | 말씀이 육신이 되는 불국토 | 님의 침묵으로 고난을 다독거리며 | 산은 산이요, 물은 물이라

제5장 유교의 형성과 전개

보통사람이었던 성인 | 가장 뛰어났던 스승과 기리는 이들 | 씨름하는 선구자들 | 공자는 어떤 길을 택했나 | 옛 것을 어떻게 되새길 것인가 | 예禮: 하늘의 뜻을 이루는 어울림 | 윤리인가, 종교인가 | 방외지사方外之士의 세계 | 변화하는 사회와 넓어지는 세계관 | 새로운 사회와 펼쳐지는 신유교

제6장 한국 유교 전통의 이해

신분 사회에서 꿈꾸는 새로운 삶 | 하늘의 비신화화: 하늘의 뜻이 땅에서도 | 세계와 인간에 대한 고찰 | 무엇이 하늘이고 누가 중화中華인가: 개신유교 | 새로운 세상과 새로운 믿음 | 공자가 죽어야 나라가 산다

제7장 기독교의 세계

떠도는 나그네들의 노래 | 사람이 무엇이관대 | 이 땅에서 만나는 하

들어가는 글

돌이켜보면 이 민족의 과거 발자국은, 수 세기 동안 서구 열강의 손아귀에서 헤어나지 못한 채 지금도 허리가 두 동강이 난 삶의 터전에서 몸부림치면서 근대화에로만 정신없이 악다구니하던 모습밖에 남아 있지 않은 신세이다. 이제 버거웠던 삶의 짐을 잠시 내려놓고, 우리의 신발 끈을 조이며 모름지기 물음들을 하나씩 들춰 보고 다부지게 씨름을 시작해야 할 때이다. 선뜻 다가온 지구촌 시대에 이웃하게 된 믿음의 세계를 차근차근 돌아보는 이러한 작업은, 오늘 이 땅에서 신앙인으로서 살아가기 위해서는 필연적인 과정이 아닐 수 없다. 흙탕물로 뒤범벅이 되어 버린 오늘의 세태 속에서 쉬엄쉬엄 돌아보는 중에, 오랫동안 은연중 먹고 마시던 영혼의 맑은 샘터를 찾아낼 수 있다면 더 바랄 나위가 없겠다.

들어가는 글

새로운 하늘과 땅 그리고 믿음

일찍이 칼 야스퍼스(K. Jaspers)는 그의 저서『역사의 근원과 미래』
에서 차축시대(車軸時代, Achsenzeit)를 거론하며 이 땅에 사는 인간들
의 궁극적 이해에 관한 새로운 지평을 열어놓았다. 이러한 맥락에서
존 캅(J.B. Cobb) 역시『존재구조의 비교연구』라는 저서를 통하여 동
과 서의 문화적 관점과 인간 이해에 대한 폭넓은 접근을 시도하였다.
새로운 천년을 시작하는 오늘날의 종교와 인간 이해를 위해서는 이
같이 지구촌의 삶을 모두 담아 낼 수 있는 새로운 관점이 절실히 요
구된다.

야스퍼스의 지적대로 기원전 8세기부터 비롯되었던 인류 역사의
중대한 변화는, 첨단과학의 발전을 구가하는 오늘날에도 지구상의
인간 이해에 있어 길잡이로서 톡톡히 한몫 하고 있다. 주지하는 바대
로 오늘날 생명복제 등 첨단을 걷는 과학의 발걸음은 문명의 성격에
대한 꼬리를 무는 물음으로 갈지자 횡보하는 모습을 되풀이하기에
이르렀기 때문이다. 이제 21세기 첨단 과학문명에 서 있는 인류는,
다시금 차축시대와 같은 전환사적 모색에 대한 주석에 기대어 씨름

해야 하는 처지가 되었다.

2, 3천 년 전, 중국 대륙은 이러한 물음과 씨름이 되풀이되고 있었던 좋은 사례이다. 당시 중국 고대의 주나라가 쇠잔해 가던 시기에 사람들은 새로운 인간과 세계 이해에 맞닥뜨리게 되었다. '춘추전국春秋戰國시대'라는 표현에서도 드러나다시피, 변화무쌍한 사회 양태와의 긴장 관계 속에 살아가던 당시 인간들은 필연적으로 종교와 철학이라는 사상적 틀을 통하여 세계를 이해하고 변혁해 가려는 몸부림을 보여주었다. 이러한 가운데 공자(B.C. 551-479), 묵자(B.C. 468-376), 맹자(B.C. 371-289), 장자(B.C. 369-286) 등을 비롯한 제자백가諸子百家 사상이 우리에게 선물로 주어지게 되었다.

인도 대륙도 역시 비슷한 모습을 보여준다. 일찍이 고대 베다 문헌에서 비롯된 힌두교의 전통은 시간이 흐르면서 점차로 화석화의 길을 밟게 되었다. 이러한 가운데 B.C. 750년경부터는 전통적인 힌두교의 고루한 틀을 넘어서서 우파니샤드 사상이 등장하였고, 이전과는 달리 범아일여梵我一如라는 새로운 인간 이해가 자리 잡게 되었다. 이는 훗날 자이나교의 금욕주의 및 개혁 사상으로 이어지게 되었고, 이러한 흐름이 마침내 고타마 싯다르타(B.C. 563-483)를 통하여 인도 대륙에서 불교 사상의 뼈대를 이루게 되었다.

동과 서를 잇는 중동 지역에서도 이 시기에 짜라투스트라(B.C. 628-551)가 출현하였다. 그는 선과 악에 관련해 인간 이해에 대한 새로운 이정표를 제시하였는데, 이는 고대 종교 사상의 형성에 지대한 영향을 끼치게 되었다. 아울러 팔레스티나 지역에서는 기원전 8세기경부터 왕정의 형성과 맞물리면서 예언자 전통이 수립되었다. 이 예언자 전통은, 철저한 종교적 신념을 바탕으로 당시 구조화된 절대왕권과 사회체제 속에서도 변함없이 보호되어야 할 인간의 존엄성을 역설하였고, 고대 사회에서 보기 드문 인간 이해의 새로운 지평을 제시하였다.

아울러 그리스 일대에서는 이 시기에 자연철학자들과 인문철학자들이 출현하여 세계와 인간 이해의 지평을 기초하면서 인류 역사에 커다란 발자국을 남겨 주었고, 무엇보다도 이는 서구의 정신세계에 있어 풍성한 밑거름을 이루었다. 인류의 역사에 있어 이렇듯 근본적으로 물줄기를 바꾸어 놓은 시대를 짚어보면서 그 뼈대를 이루고 있는 종교와 철학 그리고 주요한 인물을 이해하는 것은 해석학적으로 매우 중요한 의미를 가진다. 왜냐하면 이러한 흐름을 제대로 짚고 넘어갈 수 있는 사람은, 오늘날 자신이 처해 있는 삶의 자리에서 이러한 위대한 종교와 사상들이 주는 가르침을 밑거름으로 삼아 새로운 미래를 열어나가는 힘을 지닐 수 있기 때문이다.

위대한 가르침의 탄생

일반적으로 종교를 이해하는 길잡이로서 첫 번째 형태는, 종교가 태어나게 되는 당대의 흐름을 짚어내고 그 속에 자리한 창시자와 주요한 인물의 발자취를 고찰하는 방법이다. 예를 들어 불교에 있어 붓다의 출현은, 인도에 있어서 힌두교의 화석화로 말미암은 우파니샤드 사상의 발흥 그리고 뒤이어진 엄격한 금욕주의의 자이나교와 은근히 맥이 닿아 있다. 이러한 선상에서 새로운 종교적 가르침의 발걸음을 내딛은 역사적 인물 고타마 싯다르타를 따라가 보는 것이 무엇보다 중요하다.

이런 측면에서 초기 붓다의 가르침은, 당대에 다양한 힌두교 수도자들과 다를 바 없는 영적 깨달음 가운데 하나로서 알려졌을 뿐이다. 그러나 기존 종교에 대한 문제의식을 붙잡고 초지일관 선포되었던 메시지가 점차 광범위하게 받아들여지면서, 그의 가르침은 커다란 메아리를 불러일으키게 되었다. 특히 이 과정에서 우상화와 신격화를 경계하였던 붓다의 메시지조차 본뜻을 위협받을 정도로 역사적 붓다의 신격화가 걷잡을 수 없이 퍼져나가는 것을 볼 수가 있다. 이와 같은 긴장관계는 아소카 왕의 불교 국교화 과정에서도 보여지듯이 이른바 소승 전통과 대승 전통이라는 불교 사상의 다양한 이해를 가져오게 되었다.

이와 같은 방법으로 비슷한 시기 팔레스티나 지역에서 고유한 전승을 주축으로 자리 잡아 갔던 유대 전통을 쫓아가 보면, 유대주의 흐름에 커다란 획을 긋고 있는 B.C. 8세기 이후의 예언자들을 만나게 된다. 이들 예언자 전통은, 대예언서와 소예언서 그리고 성문서 전통과 기타 묵시문학적 전통에까지 면면히 흐르면서 기독교의 터전을 이루었던 신약성서로 이어지고 있다. 까닭에 복음서에서는 한결같이 예수의 선포가 이러한 예언자 선포의 전통을 간직하는 것이라고 거듭 강조한다.

이러한 선상에서 기독교의 복음서 전통에서는, 여전히 '하나님 나라'를 선포한 예언자의 맥락에서 랍비나 선생, 교사 및 예언자로서의 예수상이 폭넓게 자리 잡고 있다. 반면 직접적인 연관관계가 없던 희랍 문화와 이방인들이 신앙공동체의 일원을 이루게 되자, 부활신앙의 메시지를 중심으로 하여 역사적 예수보다는 신앙의 주와 그리스도 고백신앙이 큰 줄기를 이루게 되었다. 이러한 모습은, 지중해 일대 기독교 신앙이 공동체의 모습을 확고하게 다지는 과정에서 교리와 신조로 정착되고 있는 사실에서도 확인된다. 게다가 로마제국의 통일이라는 정치적 당위성과 맞물리면서 그 교리의 신화화를 극대화하기에 이른다.

동양사상의 주요한 축을 이루고 있는 춘추전국시대 당시 공자의 경우는, 유교의 전통과 어우러져 이러한 해석의 정형을 보여준다. 공자 스스로가 '술이부작'述而不作을 천명할 정도로 전통의 계승을 강조한 것도 그러하거니와 이러한 유가 전통이 중국에서 진·한이라는 통일 왕조가 형성되면서 국가의 이념 체계와 더불어 유교라는 종교적 양식으로 자리 잡았기 때문이다. 이러한 과정에서 춘추시대만 하더라도 공자의 위상은 단순히 바람직한 통치자의 모습인 군자로서의 평가에 머무르고 있다. 그러나 전국시대를 거치면서 여러 가지 모습의 종교적 뒷받침이 이루어지며 성인의 반열에 오르게 되었고, 유가적 이상의 모습을 구현했던 한나라 통일제국에서는 교주와 성인으로서의 위상을 확고하게 다지게 되었다.

경전 해석학으로 보는 종교

이렇듯 시대사조의 흐름을 이해하고 주요한 역사적 인물 이해와 신앙의 전승 과정을 따라가 보는 방법이 있고, 아울러 그 경전의 형성 과정을 통해 종교의 성격을 파악하는 또 하나의 방법이 있다. 첫 번째 방법과는 다르게 이 두 번째 과정은, 언어 및 문화와 관련된 다양한 해석학적 과정을 수반하는 것이기에 일반적인 관찰보다는 전문적이고 학술적인 분석 과정을 필요로 한다.

이같이 커다란 흐름을 잡아 나누어 본 각각의 방법론들은, 다른 측면을 서로 잘 이해할 수 있도록 이끌어 주는 상관관계에 있다. 다시 말해 역사적 예수의 모습이 어떻게 신앙고백의 대상으로 바뀌어 갔는가라는, 경전에 대한 연구, 즉 경전의 해석학적 고찰을 통해 더욱 명확하게 밝혀지기 때문이다. 이 밖에도 문학비평이라든지 양식사 비평 내지는 편집 비평 및 경전의 형성사 등에 관한 고찰들은 종교의 속내를 헤아리도록 이끌어 주는 주요한 요소이다.

예를 들어서 유대 전통을 따라가다 보면, 토라Torah에 대한 다양한 이해 방식, 즉 미드라쉬midrash 전통에 의거하여 예언서(nebiim)의 삶의 자리가 밝혀지고 또한 이는 다양한 문학적 양식과 삶의 존재양식을 빌어 성문서(kethubim)의 틀을 마련하게 된다. 그리고 이러한 범주와 비슷하게 기독교의 경전 역시 나름대로의 방식으로 복음서와 주요한 경전에 대한 해석학적 기준을 세우기에 이른다. 이 경전화 작업에서 특별히 눈여겨보아야 할 변수는 언어의 형태이다.

성서의 경우를 보면 기존에 사용되던 히브리어라든지 아람어 전통들은, 헬라어라는 중대한 해석학적 변용을 통해 이전과는 다른 독특한 자기 정체성을 이루게 되었다. 이러한 까닭에 동일한 토라의 주석 과정에서 잉태된 미드라쉬 양식이라도 희랍 문화에로의 해석학적 변용을 통하여 일련의 자아 정체성의 분리가 이루어지는 셈이다. 이러한 관점에서 기독교 신학의 라틴어 작업이 마무리되면서 로마 가톨릭 신학이라는 커다란 분수령을 이루게 되는데, 이 로마 가톨릭 신학은 헬라어를 기초로 하는 동방교회 전통과는 분위기가 사뭇 다르다.

불교의 경우에도 이러한 경전 언어의 차이는 소승불교와 대승불교를 구분하는 주요한 잣대가 되기도 한다. 아소카 왕이 불교의 가르침을 기초로 인도 대륙에서 왕국을 도모하고자 했을 때 그는 당연히 산스크리트어를 통하여 불교의 가르침을 집대성할 수밖에 없었다. 까닭에 팔리어 경전으로 이루어진 원시불교의 가르침은, 많은 경우 그 의미와 해석에 있어 또 다른 형태의 불교로 자리 잡을 수밖에 없는 셈이다. 이러한 사실은, 오늘날 인도 전역에 힌두교와 불교의 구분이 필요 없는 해석학적 혼재 현상에 대한 또 다른 설명이기도 하다.

무엇보다도 경전의 언어를 기초로 형성되는 새로운 종교적 전통의 본보기는, 불교가 중국으로 전래되어 중국화된 불교 양식으로 자리 잡는 과정에서 잘 설명될 수 있다. 다시 말해 불교가 중국의 언어로 토착화되는 과정에서 노장사상과 같은 전통적인 중국사상의 언어와 사상을 담게 되었는데, 불교의 경전 번역에 있어 이와 같이 중국의 고유한 사상과 용어 등이 불교 사상을 이해하는 방식으로 채택되면서 이른바 격의불교가 자리 잡게 되었다.

특히 선불교라고 불리는 중국화된 불교의 전통은, 어떤 형태의 시간과 공간에 얽매임이 없이 불교 본연의 가르침을 살아 움직이게 만드는 기틀을 마련하기에 이르렀다. 이는 인도에서 비롯되었던 불교의 성격을 다시 한 번 바꾸어 놓았을 뿐만 아니라, 오늘날과 같이 다원화된 사회에서도 아무런 거리낌 없이 세계의 모든 나라들과 교통할 수 있는 지구촌 불교의 밑그림을 이루게 되었다.

유교의 경우 이른바 13경의 형성 과정을 통해 이루어지는 중국 고전의 발자취를 따라가 보면, 유교 전통의 발전 과정을 경전 해석학이라는 관점에서 교과서적으로 풀어낼 수가 있다. 중국의 원시유교 전통은 춘추전국 시대를 거쳐 진·한의 통일시대로 접어들면서 고대경전을 유교적 관점에서 재편성하는 과정을 보여주는데, 바로 이 때 고문(縣書體) 경전의 전통과 금문(隷書體) 경전의 전통이 각각 그 해석학적 특성을 드러낸다.

그리고 이러한 모습은, 조화와 공존이라는 동양의 풍토를 잃어버리지 않고 서로가 다양한 해석학적 관점을 존중하는 양태로 자리 잡으면서 13경에 이르는 경전 전통을 나름대로 이루어냈다. 특별히 훗날 송나라 시대에 이르면 유교 사상은 새롭게 우주론과 형이상학의 체계를 갖추어 신유교로 자리 잡게 되는데, 이 과정에 있어서도 불교와 노장사상의 세례를 받은 사상과 용어들이 경전에 자리 잡게 됨으로써 습합과 변용이라는 해석학적 언어의 채택 방식이 그대로 되풀이되어 나타나고 있다.

통과제의로서의 종교

일반적으로 종교 세계에 가장 손쉽게 다가갈 수 있는 길은 바로 통과제의라는 틀로 바라보는 것이다. 이는 시대와 공간을 뛰어넘어 보편적으로 인류의 삶과 그 존재 양식을 나란히 바라볼 수 있는 길잡이가 되어 주기 때문이다. 특히 동양 사회에서는 전통적으로 공동체적 성격이 뚜렷하게 드러나기 때문에, 이러한 통과제의로서의 종교 이해는 매우 비중 있게 다루어진다. 일례로 유교 전통에 있어서 관혼상제로 대표되는 통과제의 양식은 이러한 모습을 잘 간추려 주고 있다.

유교에 있어 기성 사회 체제에로의 첫 번째 발자국을 내딛는 절차로서는 관제冠制를 들 수 있다. 이에 참예하는 자는 성인을 의미하는 갓을 쓰고 옷을 바꾸어 입음으로써 유교 사회의 일원이 되는 과정을 거친다. 혼례의 경우, 가족 공동체를 구성하면서 유교적 사회의 연속성에 이바지하는 절차를 밟으며 동시에 두 집안의 연대성으로 확장되는 역학 관계를 보여준다. 상례는 구성원의 일대기를 마무리하는 죽음의 계기를 통하여 존재 양식에 관한 성찰을 가지는데, 특히 초막을 짓고 삼년상을 치르면서 죽음과 삶의 경계를 넘어서는 연대성을 다지게 된다. 끝으로 제례는 공간적·시간적 경계를 넘어서는 공동 존재성을 일깨우는 형태로서 일련의 자기 초월이라는 세계를 담지하며, 여기에서 초월자에 대한 표상과 그 의미도 아우르게 된다.

기독교의 경우에는 무엇보다도 세례와 성찬 제의를 중심으로 한 고백 공동체의 성격이 강하게 드러난다. 그런데 천주교의 경우 통과제의라는 관점에서 이를 폭넓게 확대한 성례전을 도모하였다. 즉 삶의 주기에 따라 견진성사와 혼인성사, 임종성사 및 고해성사들을 받아들임으로써 보다 확대된 통과제의의 양태를 지니는 것이다. 개신교의 경우에는 루터의 만인사제직이나 소명설 등의 영향을 받아, 규정적 제의 형태보다는 일상사들을 더욱 광범위하게 준 성사화하는 식으로 일상적 종교 제의 형태를 정착시키기도 하였다.

유목 전승을 기초로 하는 유대 전통에서는, 가나안 지역에 정착하는 과정에서 토착 전통의 통과제의를 나름대로 수용하였고, 공동체의 정체성을 회복하는 형태로 종교 제의의 완성을 보았다. 까닭에 유대교에서 지키는 주요한 공동체 절기는 사실상 원주민 토착종교의 농경제의를 그대로 수용하면서, 이에 신학적 의미를 보태어 강화한 형태를 보여준다. 실제로 출애굽 기념 제의로 자리 잡은 유월절은 정착 농경지의 신년 제의를 바탕으로 이루어졌고, 맥추절과 장막절 등은 가나안 농경 제의에서 주요한 축을 이루는 보리타작과 가을추수 축제의 연장선상에서 결합되면서 출애굽 공동체의 해석학적 긴장관계를 넘어 자리 잡아 나간 형태이다.

샤머니즘을 비롯한 원시신앙이나 민간신앙 체계에서도 이러한 통과제의는 신앙 체계를 지속해 나가는 주요한 계기를 이룬다. 특별히 한반도의 남부를 중심으로 한 세습무世襲巫 전통에서는 이러한 양식이 신앙 체계를 이루는 주요한 요소들로 자리 잡고 있다. 인간의 일생을 주기로 하는 종교적 제의 방식은 물론이고, 가정과 개인의 대소사와 맞물리면서 전인적인 동반자로서의 역할은 심방尋訪의 형태로 일상사에 깊숙이 내면화되고 있다. 그리고 이는 대를 이어가면서 이어지는 세습의 형태를 띠고 있는 까닭에 나름대로 문화인류학적인 세계와 집단무의식의 깊은 저변을 이루고 있다.

지구촌 시대의 새로운 틀 짜기

R. Panikkar는 그의 책 『지혜의 보금자리』에서 지구상에 존재하는 종교의 세계를 이해하는 방법을 제시하면서 우주신인론적 해석학을

끄집어내었다. 이는 과거 서구 문화에서 일방적으로 진행되어 온 시간·공간 개념 그리고 물질·정신이라는 이해 방식 속에서 상실되어 왔던 신화mythos의 지평을 회복하려는 의도를 담고 있다. 여기에서 주목할 사실은, 그가 신화에 담긴 상징들을 우주신인론이라는 차원에서의 의미 구조로 풀어내고 있다는 점이다.

이러한 '우주신인론적 통찰'(cosmotheandric insight)에서는, 이른바 '비신화화' 과정이라는 것을 절대화하거나 무시해 버리는 양 극단을 넘어선다. 그리고 로고스 차원이라는 또 하나의 축을 통해 자연스럽게 이성의 자리를 마련해 놓고 있다. 이처럼 우주와 신과 인간이 모두 어우러지면서 이루어지는 해석학은, 다시금 시대상을 담아내어 재신화화(remythicizing)라는 해석학적 순환을 이루어나간다.[1] 이러한 파니카의 논리는 흔히 거론되는 '공시적'(synchronic) 해석학이라든지 '통시적'(diachronic) 해석학이라는 범주와는 또 다른 차원을 열어놓았는데, 그는 이것을 '통체적'(diatopical)[2] 해석학이라고 말한다.

---

[1] R. Pannikkar, *Myth Faith & Hermeneutics*, Paulist Press, 1979, p.345; 이 점에서 P.리꾀르의 경우도 비슷한 모습인데, 그에게서는 이러한 모습이 1차적 순진성에서 비판을 거친 2차적 순진성에로 이르면서 재동화, 재수용이라는 양태로 재신화화의 유형을 지닌다. P.Ricoeur, *The Conflict of Inter-pretation*, Northwestern Uni. Press, 1974, p.369 이하 참조.

[2] R. Pannikkar, *Myth Faith & Hermeneutics*, Paulist Press, 1979, p.9,; "여기서 말하는 통체적 해석학이라 함은, 이제까지 무시되거나 간과되어 왔던 세계 곳곳의 다양한 문화 전통에 대한 오해와 왜곡을 일깨워 주는 것이다. … 이는 한 문화 전통 내에서의 단순한 시대적 거리감 외에도, 역사적 유

무엇보다도 그는 시간의 문제를 해석학 중심 주제로 삼아 왔던 전통적 서구 중심의 해석학에서 벗어나 이제까지 도외시되어 왔던 지구촌의 또 다른 부분이나 공간(topos)의 문제를 다룰 수 있도록 보다 확장된 지평의 해석학적 작업을 보여주고 있다. 이러한 점에서 그의 해석학 작업 과정에서 주요한 과제는, '시간편향주의'(chrono-centrism)라든지 '종족편향주의'(ethno-centrism) 형태를 극복하는 것으로 나타난다.[3]

이제까지 서구의 전통에서 해석학의 관점은 일반적으로 시간 중심적 성격을 벗어날 수가 없었다. 즉 서구의 해석학이 붙들고 있는 바, 시간 경험을 통한 연구 방법론의 배후에는 근본적으로 연구자 자신을 포함하여 모든 삶을 규정하고 제약하는 공간이나 문화적 구조에 대한 근원적인 성찰을 찾아보기가 어렵다는 얘기이다. 이렇듯 해석학의 문제점들이 드러난 오늘날은, 인간의 존재 구조를 기반으로 하여 신화와 제의를 분석하고 해독해 낼 수 있는 종교 철학적인 통찰이 더욱 아쉽다.

산의 공통 지반이나 상호 영향 없이 독자적으로 발전해 왔던 두 개(혹은 그 이상)의 삶의 공간에 대한 거리감도 함께 다루게 된다."

3 R. Panikkar, *A Dwelling Place for Wisdom*, John Knox Press,1993, p.120; 이러한 시도는, Edward W. Said의 문화비평적 시도를 통해 제국주의적 요소나 국수주의적 요소를 벗어나 미래적 비전을 추구하려는 것과 동일한 양상을 보인다. Edward W. Said, 『문화와 제국주의』, 도서출판 창, 1996, 564쪽 참조.

　돌이켜보면 이 민족의 과거 발자국은, 수 세기 동안 서구 열강의 손아귀에서 헤어나지 못한 채 지금도 허리가 두 동강이 난 삶의 터전에서 몸부림치면서 근대화에로만 정신없이 악다구니하던 모습밖에 남아 있지 않은 신세이다. 이제 버거웠던 삶의 짐을 잠시 내려놓고, 우리의 신발 끈을 조이며 모름지기 물음들을 하나씩 들춰 보고 다부지게 씨름을 시작해야 할 때이다. 선뜻 다가온 지구촌 시대에 이웃하게 된 믿음의 세계를 차근차근 돌아보는 이러한 작업은, 오늘 이 땅에서 신앙인으로서 살아가기 위해서는 필연적인 과정이 아닐 수 없다. 흙탕물로 뒤범벅이 되어 버린 오늘의 세태 속에서 쉬엄쉬엄 돌아보는 중에, 오랫동안 은연중 먹고 마시던 영혼의 맑은 샘터를 찾아낼 수 있다면 더 바랄 나위가 없겠다.

▌더 읽을거리

분도출판사편집부, 『종교란 무엇인가』, 분도출판사, 1990.

J.B. 노스, 『세계종교사』, 현음사, 1986.

제1장

원시종교와 민간신앙의 세계

산꼭대기에서 만난 사람들

입에서 입으로 그리고 시간과 공간

원시적 세계와 종교적 인간

상징으로 만나는 세계

원시신앙의 세계는 더 이상 뒤떨어지거나 미개한 야만의 세계가 아니다. 열등한 것이 아니라 다른 모습일 뿐이다. 이들은 하늘과 땅의 아들딸이며, 동물과 식물을 형제와 자매로 삼는다. 그리고 자연과 나누어지지 않고, 생태학적으로 깊고 그윽한 손길을 깨뜨리지 않으며 살아간다. 막무가내로 다그쳐 왔던 이제까지의 선입관이나 이상향 모두를 접어둘 때에야 비로소 바람직한 길이 열리는 법이다. 그럴 때에 비로소 우리가 잠시 머무는 이 땅에서의 몇십 년의 삶이 지구와 좋은 동반관계를 이루게 될 것이다. 원시종교에서 이야기하는 "결국 우리 모두는 형제이다"라는 세계는 우리가 바라보아야 할 새 하늘과 새 땅인 셈이다.

제1장 원시종교와 민간신앙의 세계

산꼭대기에서 만난 사람들

서울의 유서 깊은 인왕산에 아이들과 같이 오르게 되었다. 올라가는 중에 문화재와 유적지로 알려진 선바위와 국사당을 거쳐 가게 되었는데, 놀랍게도 그 길을 따라 오르는 길에는 바리바리 싸들고 올라가 치성을 하는 이들이 눈에 띄게 많았다. 어우러져 따라가다 보니 가파른 봉우리에 오르게 되었는데, 움푹 들어간 바위 구석에 일가족이 촛불과 음식을 차려 놓고 둘러앉아 있었다. 아직 유치원에 다닐 법한 아이를 데리고 잔뜩 살림 보따리를 챙긴 것으로 보아 며칠 동안 치성을 드린 모양이다. 제 또래인 우리 아이들을 졸졸 따라다녔던 어린아이는, 뜬금없는 아비 어미의 치성이 무척 지루하였던 모양이다. 무슨 절절한 사연이 일가족을 칼바람이 부는 산봉우리에 며칠씩이나 묶어 두었는지 가슴이 아려 왔다.

요즘 교회는 물론이고 절조차 사람들이 거주하는 마을 구석구석까지 자리 잡고 있음에도, 이렇듯 산에까지 올라 치성을 드리는 이들의 비나리는 새삼 옷깃을 여미게 하는 모습이 아닐 수 없다. 21세기 첨단 기술이 줄을 잇는 서울 한복판에서 오늘날에도 이렇듯 이어지는 인왕산 골짜기의 비나리는, 이미 수천, 수만 년을 거슬러 올라가는 뿌리를 지니는 것이다. 세월이 흐르면서 산천이 바뀌고, 왕조가 바뀌며, 문명이 바뀌어 고등종교나 외래종교가 가득하다가 스러지는 가운데서, 앞으로도 이 땅에서 비나리를 하는 피붙이와 살붙이들은 여전히 이 봉우리를 오르내리며 발걸음을 할 것이다.

이들은 마치 서양의 퀘이커 교도들처럼 몸을 떨며 치성을 드리기도 하고, 향을 피우며 주문을 염송하기도 한다. 마냥 깡충깡충 뛰며 어른 손에 이끌려 따라온 아이들은 엉겁결에 몸을 움츠리면서도 눈앞에 펼쳐진 모습에 눈길을 거두지 못하고 흘끔흘끔 되돌아보기를 그치지 않는다. 알지 못하는 사이에 이 어린이들은 어른들이 끊임없이 이어왔던 비나리, 다시 말해 한민족의 '집단무의식'(collective uncon-sciousness)의 세계를 익혀 가는 셈이다. 이제 이들에게는 무심한 바위와 나무, 돌덩이 하나하나 모두가 신령한 세계와 만나는 귀한 징검다리이며 살아 있는 영물로 자리 잡을 것이다.

얼마 전 겨울학기를 마치면서 홀가분한 마음으로 국립국악원에서 열린 남사당패의 어느 유랑예인의 50년 결산무대에 발걸음을 하였다. 절절이 눈물어린 50년의 떠돌이 삶을 마무리하는 그의 판굿은 여느 무대와는 사뭇 달랐다. 어릿광대로 시작했던 삶에서 어느덧 머리 희끗한 교수가 되어 버린 오늘, 자신이 가르치는 대학생 제자들과 더불어 어우러지는 감동어린 한마당은 장엄한 예배의식을 떠올리게 하였다. 그저 규모만 광대한 마을 풍물놀이로 그치는 것이 아니라, 하늘, 땅 그리고 사람이 어우러진 신령한 기운을 느끼는 자리였기에 절로 숙연해지는 순간이었다. 한참을 신명나는 무대에 홀린 듯 지나가고 난 후, 문득 나는 그 자리에서 일본제국주의 시절 통치자들이 기독교를 비롯한 여러 종교를 통제하고 마을 풍물놀이까지 금지시킨 깊은 속내를 비로소 깨달을 수 있었다.

이 땅에서 부대끼며 살아가던 인생들의 비나리라는 것을 서구의 종교적 시각에 꿰맞추어 따라가다 보면 십중팔구 남의 다리 긁기가 십상이다. 한판 흐드러진 마을 잔치에서 꽹과리를 잡고 선 상쇠의 날카로운 눈초리를 밟아가다 보면, 어느새 수천 년간 간직해 온 비나리의 절절한 가락을 가슴으로 느끼게 된다. 그리고 이러한 비나리는 그저 한 숨 넋두리로 스러지기보다는 하나의 시나위에 어우러지며 모두가 함께 내쉬는 커다란 기운으로 뭉쳐 다가온다. 질서정연한 군무 속에서 번뜩이는 장쾌한 칼날과 휘날리는 깃발에 돌연 섬뜩한 느낌이기도 하고, 하늘과 땅을 오르락내리락하며 휘몰아치는 한줄기 바람에 더불어 떠다니기도 한다.

인류의 삶이라는 측면에서 볼 때, 기껏해야 몇천 년 내외에 불과한 세계 종교의 역사들은 그 이전 수백만 년이나 계속 이어져왔던 민간신앙 형태들에 비하면 극히 제한된 몸짓에 불과하다. 기나 긴 세월 동안 사람들은 나름대로의 중요한 방법으로 그들의 신앙 세계를 구축해 왔으며 의미 있는 상징 체계를 형성해 왔다. 이러한 종교 형태를 가리켜 근원적 형식이라는 점에서 원시종교라 부르기도 한다.

이는 소규모 형식의 종족적인 모습을 지니며, 서술된 형태가 없다는 점에서 구전口傳이라는 형식을 띠게 마련이다. 이러한 양태는 아프리카, 호주, 남동 아시아, 대서양 연안 제도, 시베리아 및 남북 아메리카 원주민들 속에 남아 있다.

  일련의 원시종교나 민간신앙들은 학문적 연구를 넘어서는 세계를 담고 있다. 그러기에 이런 양식들은 우리의 심층의식 속에서 정신적인 양태로 살아 있게 마련이다.4 신화의 세계는 사람들에게 이러한 배후세계를 묘사해 준다. 이것은 신들의 세계라기보다는 우리네 삶과 비슷한 세계이고 동시에 삶보다 더 커다란 형태를 담고 있다. 신앙의 세계란 비단 경배에만 그치는 것이 아니다. 자기 정체성을 밝히고 이에 동참하는 동시에 원형적인 것을 표출해 내려는 모습을 담고 있기 때문이다. 이렇듯 인간이 평범한 것을 넘어서서 근원적인 모습을 추구한다면, 이러한 양태가 제의적인 자리에 포함되는 것이 당연하다.

  그러면 이제 원시종교가 공유하고 있는 모습이 역사적 종교와 어떻게 나누어지고 있는지 살펴보기로 하자. 첫 번째 특징은 '구전의 세

---

4 M. 엘리아데 같은 이는, 역사적인 산물에 의해 덧입혀지고 형태를 갖추게 된 후세 사람들보다 원형적인 인간이 더 풍부한 영성을 지니고 있다고 말한다. 이는, 바로 인간의 원형적 일상의 생활과 인류학자들이 소위 "신화적 세계"(Le monde mythique)라고 부르는 것들인데 원시종교의 형태에서는 "꿈"이라는 다양한 양식을 통해 경험되는 하나의 세계가 있음을 보여준다. H. Smith, 『세계의 종교』, 은성출판사, 2005, 484-7쪽 참조.

계'(orality)이다. 이는 문자보다는 구어체로 이루어진 삶의 세계를 보여주며, 구체적인 삶의 자리에서 드러나는 계시적 체험을 담고 있다.

입에서 입으로 그리고 시간과 공간

기나긴 인류의 종교 역사라든지 민간신앙의 테두리에서 본다면, 오늘날 현대 세계에서 말하는 문화나 문명이라는 것은 그리 커다란 자리를 차지하지 못한다. 예를 들어 구어체가 문어체보다 더 다양한 폭넓은 인간의 삶을 담아내고 있음을 헤아려본다면 쉽게 고개가 끄덕여질 것이다. 제한적이기는 하지만 독특한 형태의 구전이라는 것은, 인간의 기억을 두드러진 형태로 보존하는 것이기에 깊이 있는 종교적 탁월성을 보여준다. 이는 비언어적 방법을 통해서 거룩한 감성을 보존해 내기 때문이다.

사실 문어체는 의미를 명백히 밝히려고 하기 때문에 배타적인 계시의 통로가 없는 경우, 종교적 의미를 담고 있는 경전의 깊고 의미심장한 성격이 가라앉아 버리고 만다. 결국 절대자라든지 여타 신적인 교통의 가능성을 가로막는 셈이다. 구전 전통은 이러한 오류에 빠질 염려가 없다. 흔히 신화라고들 말하는 신비로운 자료들은, 사람들의 눈을 열어 여타 성스러운 징조라든지 껍데기를 벗어 버린 존재에 대한 깨달음의 세계로 이끌어 준다.

오늘날 난삽한 해석학에서 보듯이, 문자라는 것은 끊임없이 꼬리에 꼬리를 무는 것이 보통이다. 까닭에 오히려 사람들로 하여금 거미줄 같은 장애물에 가두어 버리거나 지식의 거대한 바다에서 허우적거리게 만드는 경우가 비일비재하다. 다시 말해 2차적 자료들로 말미암아 정작 중요한 알맹이를 놓치고 마는 셈이다.

기억이라는 것은 고맙게도 이러한 탈선을 예방해 준다. 삶 속에 뿌리박고 있는 인생의 모든 계기에 있어서 끊임없이 궁극적인 것을 일깨워 주면서, 거추장스럽거나 무모하고 쓸모없는 것들을 거침없이 거두어 주는 것이 종교이다. 까닭에 선불교에서 말하는 단순명료한 해결 방식은, 역사적이고 문명화된 종교 행태를 본래적인 신앙의 세계로 이끌어주는 좋은 실례가 된다.(不立文字, 敎外別傳, 見性成佛, 直指人心)

원시종교에서의 또 다른 특징은 장소라는 것에서 구체화되고 있다. 이는 추상적인 의미에서의 구조라기보다는, 구체적인 현실의 세계를 가리킨다. 대부분의 역사적 종교 역시 장소와 밀접한 관계를 가진다. 또한 서구에서는 역사성 짙은 종교 형태, 특히 메시아 대망적인 요소가 강렬한 것과는 정반대로 원시종교에서는 다분히 과거 조망적인 경향이 강하게 드러난다. 원시의 시간은 무시간적이기 때문에 영원한 현재가 된다. 무시간적이고 잴 수 없는 시간을 말하는 것은 모순이지만, 우리가 원시적 시간 이해를 연대기적인 형태가 아니라 인과론적이라는 차원에서 이해하게 된다면 이러한 역설은 별로 어려울 것이 없다.

여기서 과거라는 것은 사물의 근본 원인이라는 것과 아주 밀접한 관계를 갖고 있다.5 예를 들어 폴리네시아의 티코피아 섬에서는 배를 수리하는 제의를 거행하는데, 이는 고장이 났기 때문이 아니라 제의적으로 수행되는 것일 뿐이다. 이런 제의는 섬 전체에 영향을 끼치는 주요한 행사이며 공동체에 활력을 불어넣는다. 동시에 삶에 있어 흘려버리기 쉬운 규범들을 다시 일깨워 주는 것이다. 동아시아에 있어서 혈연을 중심으로 한 가족관계라든지 조상 숭배 등도 이와 유사한 모습을 보여준다. 그러나 원시종교에 있어서는 다소와 경중을 막론하고, 신들을 특정 형태로 묶어 두지 않기 때문에 나름대로의 세계와 특성을 구성하고 있다.

원시적 세계와 종교적 인간

토테미즘에서는 사회적으로나 제의적으로 전체가 공동체적 삶의

---

5 여기서 말하는 근원이라는 것은 신들의 세계를 지칭하는 것으로, 이는 실제로 세계를 창조한 것은 아니되 이를 바로잡고 유지시켜 주는 역할을 감당한다. 엘리아데는 다음과 같이 말한다. "원형적 문화의 종교인들에게는 매년 세계가 갱신된다. 달리 말해, 매년마다 그 원래의 거룩함을 회복한다는 말이다. 이 거룩함은 조물주의 손에서 비롯될 때 가능하게 되는 것이다". Mircea Eliade, *The Sacred and the Profane*, 1957. Reprint. New York: Harcourt Brace Jovanovich,1959, p.75.

유대감으로 연합하게 된다. 토템이 되는 동물은, 일단의 집단을 다른 구성원들과 분명히 구별하여 결속시켜 주고 있다. 아울러 그들은 반려자와 친구, 수호자, 조력자 역할을 감당하는데, 이는 토템 역시 커다란 하나의 '살덩이'를 이루는 유기체임을 보여준다. 이 토템은 부족의 상징물인 동시에 그들이 공통적으로 기억하는 조상이나 영웅을 상징하기도 한다. 또한 이는 종족들의 생명력을 담아 내는 그릇으로서, 토템 구성원들은 이런 제의의 책임을 지니게 된다. 이 모든 것들은 바로 인간과 자연이 하나의 질서 안에서 존재한다는 깊은 형제애에서 비롯되는 것이다.

토템 부족을 든든하게 다져 주는 이 제의는, 자연을 따로 떼어 놓고 신격화한다든지 그것을 지배하려는 형태와는 많은 차이점을 보여준다. 오히려 인간 소망의 표현으로서 특별히 보존되어야 할 자연의 정상적 질서에 대한 바람을 담고 있다. 까닭에 종족이 늘어난다든지 가뭄이 빨리 물러가기를 절실히 간구하는 계기를 따라 이루어지는 것이 보통이다. 별스런 기적을 바란다든지 마술적으로 자연을 조작한다기보다는, 원시적 제의를 통해 정상적이고 규칙적인 생활을 이어 나가려는 생태적 형태의 제의이다. 현실에서의 어려움과 바람을 말없이 곱씹으면서, 자연의 운행에 기대어 풍요와 안정을 기원하고, 미래에 대한 소망을 새롭게 다지는 것이다.

토테미즘 자체가 부족사회에서 보편적인 현상은 아니지만, 인간과 동물 및 자연 사이에서의 분리를 모른다는 점에서는 공통적인 면을 보여주고 있다. 동물과 새들도 자주 '사람들'처럼 언급되고 있으며, 때로는 동물과 인간이 형태를 바꾸면서 상대편 세계의 구성원이 되기도 한다. 동물과 식물의 구분점도 뚜렷하지 않은데, 식물도 역시 우리들과 같은 정신을 지니고 있기 때문이다. 이러한 모습은 생물과 '무생물' 사이의 구분이 관통되었음을 논리적인 형태로 보여준다. 여기에서는 바위들도 꿈틀거리며 살아 있는 것이다.

이렇듯 다양한 제의를 통해 세계와 우주를 음미하고 담지해 내는 풍성한 구조들은, 인간과 그 배후 세계를 창조적으로 조화 있게 이끌며 고비 고비마다 공생의 관계를 확인시켜 주는 신화를 이룬다. 이 속에서는 남성이나 여성 모두가 똑같이 우주적 생명력에 이바지한다. 천상의 존재와 아울러 바람이나 비의 존재까지도 아무렇게나 흘려 넘기지 않는 까닭에, 모든 존재는 형제와 자매이다. 삼라만상은 살아 있으며 각각이 다양한 모습으로 다른 것들과 결속되어 있다. 이로써 질서가 스스로 그 모습을 드러내는 경지에 이르고, 단순히 원시 종교적 인간에게 각인된 자연 형태가 아닌 자연 그 자체의 모습으로 다가오는 것이다. 자연 그 자체를 지향하면서, 자연이 그들 내면에 깊이 자리 잡고 있는 한편, 자연에 의해 드러나게 되기까지 품속에 스며드는 것이다.

세계의 구조로부터 인간의 모습으로 돌아오게 되면, 다시금 상대적인 형태의 대립적 인식이라는 숙제가 여전히 도사리고 있다. 그러나 아메리카 인디언들의 언어에서는 '예술'이란 단어가 존재하지 않는데, 이는 인디언들에게 있어서는 모든 것이 다 예술이기 때문이다. 그러기에 삼라만상의 모든 것이 종교적인 형태를 지니고 있다. 날카로운 이분법이 없기에 현세와 피안의 세계에 대해 대립되거나 거리를 두지 않는다. 역사적 종교는 이러한 측면에서 뚜렷한 차이점을 보여주며 심지어 그것을 조장하는 일면조차 엿보인다.6

원시종교에서는 이러한 냉엄한 분리가 등장하지 않는다. 원시종교의 인간들은 어머니 품과 같은 우주에서 비롯되는데, 이것은 살아 있는 요람과도 같이 그들을 감싸고 있다. 그들은 자신들을 길러 주는 이 커다란 몸뚱아리에 대해 섣불리 도전하거나 문제 삼지 않으며 구태여 이를 개조하거나 외면하려고 하지도 않는다. 같이 어우러져 숨쉬고, 아파하고, 부대끼며 살아가는 커다란 모두의 보금자리이기 때문이다. 원시종교에서는 개인적이며 사회적이고 전우주적인 조화의 유지에 항상 관심하고 살아간다. 역사적 종교에 흔하게 드러나곤 하는 구원에 대한 거창한 기대감 같은 것은 존재하지 않으며, 죽음 이

---

6 그리스의 종교에 대해서 언급한 플라톤의 말을 보면, 육신을 무덤으로 비유하고 있는 것을 볼 수 있고, 구약성서는 창조된 세계와 거룩하고 의롭고 초월적인 세계를 서로 대조시키기도 한다. 힌두교에서는 세계를 마야라고 말하는데, 이는 애매모호한 현실을 가리키는 것이다. 붓다는 이 세상을 가리켜 서둘러 피난해야할 불타는 집이라고 묘사하기도 했다. 코란에서는 이 세계를 속히 추수해야 하거나 말라버리고 마는 식물에 비유하기도 한다. 역사적 종교에 있어서 세계와 자연의 평가절하는 명백하게 드러난다. H. Smith, 앞의 책, 499쪽 참조

후의 삶이라는 것 또한 나뉘지 않은 채 그저 밀고 댕기는 존재 양식
으로 나타날 뿐이다.

상징으로 만나는 세계

원시적 세계에서 다루어지고 있는 것들을 요약해 보면, 그 내적인
분리는 그저 일시적인 것으로 나타나며 또한 이를 상대화시키는 초
월적 실재라는 것도 두드러지지 않는다. 일반적으로 귀가 따갑도록
듣는 말은 원시종교가 다신론이라는 것인데, 만일 신성이란 것이 거
룩한 장소에 고정되어 있고 특별한 대상을 비추는 것이라 한다면 이
말이 그렇게 틀린 것은 아니다. 구태여 이름 붙인다면 다원적 범유일
신론이라고 할 수 있을 것이다. 원시종교의 세계에서는 별도의 최고
존재에 대해서 의식적으로 접근하려 하거나 구태여 배타적인 자세로
독점할 필요가 없다. 이는 아무런 차별 없이 모두에게 열려 있는 세
계이기 때문이다.

이는 오늘날도 살아 있는 원시종교의 영성에 있어 중요한 구성 요
소를 이루며, 일종의 상징주의적 심성이라고 말할 수 있다. 특별히
이 부분에서 짚고 넘어가야 할 인격적 유형이 있다. 샤먼shaman이라
는 것은 상징주의를 넘어서서 영적 실재를 직접적으로 감지해 내는
존재이다. 샤먼들은, 우주적인 차원의 능력을 행사하지는 못하지만

자신들을 치유하거나 정신적인 차원에서 그들 부족의 삶을 재통합하는 등의 능력을 지니게 된다. 이러한 과정에서 정신적인 측면으로 악령과 선한 영이 개입되어서 선한 능력을 이끌어내며 악령과 씨름하기도 하고, 때로 뛰어난 치유 능력을 가지거나, 미래를 예언하는 초자연적인 능력을 보여주며 잃었던 물건을 찾아내기도 한다.

한때 경멸적인 말투로 이들 '미개인들'을 대했던 역사적인 고등종교들은, 오늘날에 이르러 대부분 과거의 일방적인 태도를 벗어나고 있다. 오히려 세계가 문명화되고 다듬어질수록, 사람들의 마음은 현대문명 세계를 거슬러 원형적이고 원시적인 것에 대한 이끌림이 더욱 커가고 있다. 온통 뒤죽박죽인 기술 산업사회의 공리주의 그리고 인간과 세계 모두를 파괴해 버리는 현실의 재앙 앞에서 어쩔 줄 몰라 하며 탈출구를 찾아 헤매는 것이 오늘날 지구촌의 모습이다.

사람들은 어떻게 하면 근본적으로 다른 삶의 형태가 가능한가를 희구하면서 꿈을 만족시켜 줄 만한 것으로 원시종교적 인간상을 바라보는지도 모른다. 이제는 이렇듯 변화된 세계를 무작정 외면할 수만은 없게 되었다. 이제까지 문명과 진보라는 이름으로 어머니인 지구를 마구 파헤쳤다는 사실을 허심탄회하게 인정하고, 발걸음을 멈추고 새롭게 돌이켜 이 세계를 보듬어야 할 때가 되었다.

원시신앙의 세계는 더 이상 뒤떨어지거나 미개한 야만의 세계가 아니다. 열등한 것이 아니라 다른 모습일 뿐이다. 이들은 하늘과 땅의 아들딸이며, 동물과 식물을 형제와 자매로 삼는다. 그리고 자연과 나누어지지 않고, 생태학적으로 깊고 그윽한 손길을 깨뜨리지 않으며 살아간다. 막무가내로 다그쳐 왔던 이제까지의 선입관이나 이상향 모두를 접어둘 때에야 비로소 바람직한 길이 열리는 법이다. 그럴 때에 비로소 우리가 잠시 머무는 이 땅에서의 몇십 년의 삶이 지구와 좋은 동반관계를 이루게 될 것이다. 원시종교에서 이야기하는 "결국 우리 모두는 형제이다"라는 세계는 우리가 바라보아야 할 새 하늘과 새 땅인 셈이다.

▮ 더 읽을거리

H. 스미스, 『세계의 종교』, 은성출판사, 2005.

편집부, 『종교란 무엇인가』, 분도출판사, 1990.

和辻哲郎, 박건주 옮김, 『풍토와 인간』, 장승, 1993.

제2장

한반도의 민간신앙 이해

하늘과 땅을 잇는 심부름꾼

변화하는 세계와 꿈꾸는 예언자

치유와 구원의 잔치마당

하늘과 땅이 어우러지는 잔치

샤머니즘, 어디까지인가

새로운 문화 다양성의 시대를 맞이하게 되는 21세기에, 이 땅에서 살아가던 피붙이들이 오랫동안 곰삭인 삶의 양식들은 일련의 집단무의식의 세계를 구성하면서 또 다른 모습으로 되살아나고 있다. 하늘이 내려 주신 삶의 자리에서 날과 때를 헤아리며 춤추고 노래하고 밤낮으로 하늘을 예배하던 이 땅에서의 원초적 z 문화 양식은, 아시아뿐만 아니라 숨을 내쉬고 들이마시는 모든 생명들 속에 보편적으로 담겨 있는 표현 양식이기도 하다. 이렇듯 하늘의 도리와 그 숨을 이어받아 살아가는 삼라만상의 비나리라는 것은, 우주가 존재하는 한 계속될 것이며 앞으로도 이 땅에 존재하는 다양한 종교 양식에 깊숙이 터하며 숨 쉬고 살아가게 될 것이다.

하늘과 땅을 잇는 심부름꾼

민간신앙에 있어서 무당의 세계는 무巫라는 글자에서 보듯이 사람과 하늘의 영역을 오가며 이어 주는 역할을 감당한다. 동아시아 일대에서 다양하게 나타나는 샤먼은 담당하는 역할의 형태에 따라 여러 가지 모습을 보여주는데, 한반도에서는 신탁을 지니고 인간 세계로 강림하는 형태가 많이 엿보인다. 특히 한반도에서 나타나는 강신무와 세습무의 구분에 의하여 이루어지는 다양한 영매의 형태를 살펴볼 수가 있으며, 장례, 출산 등의 통과의례의 수행자로서 사제의 역할을 감당하는 무당의 모습을 어렵지 않게 확인할 수가 있다.

역사적으로 볼 때, 한반도의 고대국가 시기에는 정치적인 군주와 종교적인 무의 세계가 역할의 구분이 없는 일련의 제정일치의 흔적이 함께 어우러져서 나타난다. 고대국가 신화에서 이야기되는 단군을 민간신앙의 종교 예식에서 거룩한 존재로 간주한다든지, 오늘날도 흔히 되풀이되는 커다란 굿판에서 무당들이 국태민안과 안녕을 비는 메시지를 단골 메뉴처럼 선포하는 것도 이 같은 사실을 설명해 주는 좋은 실례이다.

실제로 고대국가 때의 신라에서 나타나는 임금의 호칭(次次雄) 같은 경우가 종교적 기능을 담고 있는 처용 설화와 연관되어 있다. 고구려에서는 임금의 자문과 신탁을 담당하는 폭넓은 기능을 무당이 관장하기도 하였다.7 또한 비슷한 양태로 신탁을 담당하였던 직위(參佺, 仙人徒郞) 등을 고려할 때, 종교와 정치는 서로 긴밀하게 결합하여 고대국가의 근간을 이루고 있었음을 알 수 있다. 특히 신라에서 폭넓게 자리 잡았던 화랑제도에서도 국선國仙이라는 호칭이 등장하고 있었고, 영등永登이나 당산堂山 같은 명칭이 일반적인 지명으로 오늘날까지 이어지는 것으로 보아 종교제의 양식이 일상 속에서 보편적이었음을 알 수 있다.

고려시대에 일반화되었던 팔관회를 보면, 불교 의식의 외형을 띠고 있음에도 고위급 무당에 속하는 선관이 주재하고 있는 것으로 나타난다. 이 팔관회는 실제 내용상으로도 국가의 위령제慰靈祭 역할을 감당하고 있었는데, 1120년 예종 때 팔관회에서 도이장가悼二將歌 등을 통하여 개국공신인 신숭겸과 김락 등을 추도했던 형태가 이를 말해준다. 조선시대에 이르러서도 이러한 양식은 크게 다르지 않아, 국가적 재난이나 민심의 동요가 일어날 때 이루어지는 나례儺禮 등의 경우에는 여전히 국가제의의 틀 속에서 이어져 내려왔다.

무엇보다도 이 무巫라는 존재에는 사제적 기능으로서 초세간적인

---

7 유동식, 『한국무교의 역사와 구조』, 연세대출판부, 1989, 107-9쪽.

종교적 영역이 자리 잡고 있는데, 한반도 남부의 고대국가에서 보여주는 소도蘇塗 같은 형태는 이를 잘 드러내 준다. 이는 고대 팔레스티나에서의 도피성逃避城과도 같이8, 정치적 영역을 넘어서 치외법권이라는 종교적 양태를 지닌다는 점에서 일련의 종교적 자리매김을 확인할 수 있다. 이 외에도 개개인의 일상적 삶의 자리에서 살펴볼 때, 무의 세계는 인간의 탄생과 성장 그리고 삶의 주요한 고비 고비와 죽음의 단계에 이르기까지 빠지지 않고 등장하여 사제 역할을 수행하였다.

변화하는 세계와 꿈꾸는 예언자

고대 중국의 통일 국가를 이루었던 진나라의 시황제는, 저 유명한 분서갱유焚書坑儒를 치르면서 춘추전국시대를 마무리했다. 수백 명에 달하는 지식 계급이 함양에서 몰사한 것으로 알려진 이 사건은, 500여년 가까이 이어져왔던 혼란과 전란 그리고 백가쟁명百家爭鳴이라는 사상적 혼란을 마무리하는 사건이기도 하였다. 그런데 잘 알려진 바와는 달리 이는 유생儒生들이 희생되었던 사건이기보다는 희생자 대부분이 이른바 방외지사方外之士였다는 점에서 눈길을 끈다.9 이들은

---

8 기독교 경전에서도 도피성에 관한 언급은 매우 빈번하게 나타난다.(출 21.13, 신19;1-21)
9 顧頡剛, 중국고대의 方士와 儒生, 이부오 옮김, 온누리, 1991, 42-3쪽.

제국의 통치 이념과는 일정한 거리를 두는 비주류의 다양성을 지니
고 있었으며, 비슷한 형태로 황로黃老 사상과 같은 세계관은 통일 제
국에서도 나름대로 사회에 폭 넓게 퍼져 있었다.

중국 대륙에서는, 이러한 세계관들이 태평도와 오두미도 등을 통
하여 황건적의 난(184년)으로 다시 부활하면서 후한 정권에 결정적 타
격을 주었던 농민혁명운동으로 이어졌다. 그리고 이러한 민중 메시
아니즘의 흐름은 북위의 갈홍(葛洪:283-343)을 통하여서 체계적인 문
자로 정리되기에 이르렀다.(抱朴子) 잘 알려진 바대로 명나라 태조인
주원장朱元璋은 이러한 민중 메시아니즘의 종교 조직을 이용하여 혁
명에 성공한 바 있고, 이후에는 도첩제度牒制를 실시하여 이러한 싹을
엄중히 경계한 사실도 눈여겨볼 필요가 있다.

고대 이스라엘에서는, 팔레스티나 정착 이후에도 왕정이 수립되기
전까지 이러한 민중종교의 메시아니즘이 사사師士라는 전통으로 응
축되어 나타나는데, 이는 출애굽 공동체의 정신을 되살리며 종교와
정치에서의 일정한 전통을 이루고 있다. 게다가 이웃 나라의 영향으
로 새로운 왕정을 구축하던 시기 그리고 새로운 정권이 들어설 때마
다 이 전통은 적지 않은 영향력을 행사하였다. 앞서 사울 왕과 영매
사건에서도 드러나듯이 사무엘의 메시지 역시 민간신앙의 힘을 빌려
나타나는 것을 볼 수 있고(삼상28장), 절대 왕정 시대와 대치되어 나타
나는 예언자 전통 그리고 예후의 집권 과정에서도 사회정치적인 민
중종교 역할이 두드러진다.

이처럼 민초들 속에 뿌리깊이 내리박고 있는 새로운 세상에 대한 열망은, 바로 민간신앙을 통하여 민중들의 소망을 담아내는 것이 보통이다. 중국 대륙에서 신선방술神仙方術 등으로 대표되는 이러한 종교 형식은 한반도에 있어서 주로 산악신앙과 신선신앙의 모습으로 드러난다. 일찍이 제도적 형태의 도교는, 고구려 연개소문의 정권 확립에 기여한 것으로 나타나며, 이후 고려 예종 때에 이르면 나라의 후원을 받아 정식으로 도관(道觀, 福源宮)이 설립되기에 이른다. 또 다른 측면에서 묘청의 풍수도참風水圖讖을 바탕으로 하는 서경천도설 등은 실제로 현실 정치에서 큰 회오리바람을 일으키며 새로운 사회 질서에 대한 열망을 드러내는 수단이 되기도 하였다.

일반적으로 민간신앙에 있어서 무당들이 모신다는 이른바 몸주신의 형태는 최영 장군의 경우와 같이 현실 정치의 역사에서 소외되거나 외면당한 인물들이 주를 이루며, 또한 갈등을 풀어내고 상생의 메시지를 담는 형태가 많이 나타난다. 이러한 현상은, 현실 정치의 역사에서 언제나 그늘에 가려 뒤치다꺼리를 하면 살아온 풀뿌리 인생들에게 있어 상호 감정이입이 자연스럽게 담겨질 수 있기 때문에 폭넓게 무당의 제의 속으로 자리 잡게 되는 것을 볼 수가 있다.

이러한 현상은 비단 정치사회적인 측면에 국한되는 것이 아니다. 앞날을 헤아리기 어려운 현실에서 안전을 바라는 민중의 숨결은, 여러 가지 형태의 점복占卜이나 공수 등의 신탁 기능, 길흉이나 재복을 예시하는 모습으로 자리 잡았다. 예를 들면 풍수지리 등과 같이 일상생활과 긴밀한 형태의 인문지리학적 관점이라든지, 개개인의 인생 주기에 대한 일련의 실존론적 해명으로서 토정비결 등이 인문사회학적 관점에서 다양하게 펼쳐지기도 하였다. 아울러 점성술이나 기우제 같은 자연과학적 관점도 반영되어 다양한 측면에서 사회 현상에 대한 이해의 한 축을 구성하였다.

치유와 구원의 잔치마당

우리 주위에서 민간신앙을 손쉽게 마주할 수 있는 대표적인 형태는 치유의 기능으로서, 이는 개개인의 일상생활에 있어서 가장 커다란 영향력을 발휘하게 된다. 예를 들자면 바로 귀신을 물리치는 능력 같은 유형으로, 병의 원인을 찾아내거나 병마를 쫓아내어 질병에서 놓이게 해 주는 기능이다. 이는 부적符籍이라든지, 치성, 굿거리, 떡고사, 고수레 등 다양한 치유 상징을 통해 자리 잡게 되었는데, 이 같은 치유 형태에서는 인간 세계뿐만 아니라 자연의 삼라만상과 사후세계에까지 이르는 폭넓은 갈등과 대립을 아우르는 모습을 엿볼 수 있다.

이 가운데 눈길을 끄는 것은 소위 강신무降神巫라고 불리는 무당들의 신 내림 현상이다. 이들 강신무의 경우는 정신적으로나 경제적으로 급격한 변동을 겪는 상황에서 무병巫病을 수반하게 되며, 이를 치유하는 과정에서 신 내림을 이어받음으로써 무당의 역할을 인정받는 동시에 신적인 능력을 행사하는 체험을 겪는다.

역사적으로는 이러한 치유 기능은 다양한 분화의 형태를 거쳐 점차 제도화된 형태로 자리 잡게 된다. 고려시대의 별례기은도감別例祈恩都監이라든지, 조선시대의 소격서昭格署나 성수청星宿廳, 선혜청과 같은 기관들 특히 동서활인서東西活人署 등은 빈민 구제나 사회 복지 그리고 의료 서비스의 제공이라는 제도적 정착 과정을 잘 대변해 주고 있다. 이러한 전통의 흐름을 멀리 신라시대로 거슬러 올라가 따져보면, 처용의 주술적 치유 역할에서도 그 흔적을 찾아볼 수가 있다. 훗날 조선시대 고위 관직에까지 이른 약방기생, 상방기생의 활동 역시 이러한 민간종교에서의 역할이 제도적 형태로 자리 잡아 가는 모습을 잘 드러내 준다.

오늘날 무당의 이러한 치유와 해방의 기능은 다양하게 전문화된 형태로 발전해 가면서 제도권으로 흡수된 까닭에 좀처럼 생생하게 마주치는 경우는 드물다. 그러나 전쟁이나 재난 및 급격한 사회 변동과 빈부 격차가 뒤따르는 경제 개발로 인하여 개개인의 실존적 삶이 심각하게 위협받는 현실에 맞닥뜨리는 처지에 이르게 되면, 이런 원형질의 인간 상황은 여전히 살아 꿈틀거리게 되는 법이다.

실제로 오늘날에도 제도권의 사회 안전망이 미처 개인의 실존적 위기 상황에 뒤따라 주지 못하는 상태에서 갖가지 헤아리기 어려운 형태의 사회 불안과 정신적 장애 현상들이 증가하는 것을 우리 주변에서 흔히 만나볼 수 있다. 까닭에 경제적 진보를 이룬 오늘의 한국

사회에서도 오히려 반문화 현상으로서 이러한 무당의 치유 기능에 대한 선호도가 더욱 널리 퍼지는 현상을 어렵지 않게 마주치곤 하는 것이다.

하늘과 땅이 어우러지는 잔치

한반도에 대한 오래된 기록 중 하나인 삼국지 위지동이전魏志東夷傳에 의하면, 한반도에서는 다양한 형태의 제의가 정기적으로 벌어졌던 것으로 나타난다. 특히 부여의 영고迎鼓, 동예의 무천儛天 등의 제례는 한자에서 드러나다시피 문자 그대로 갖가지 예술과 문화 형식이 동반된 종교행사의 단편을 보여준다. 또한 진한에서는 사람들이 무리지어 밤낮을 가리지 않고 춤과 노래를 통하여 제사를 드리는 모습이 드러나며, 소도蘇塗에서의 종교 행사에는 방울과 북이 등장하는 예식이 진행되는 것을 볼 수가 있다.10

원시종교에서의 이러한 예술적 제의 과정은, 고대 팔레스티나의 제의 양식과도 비슷한 모습을 보여준다. 특별히 예언자 무리의 역할에 참여하게 되는 춤과 음악의 집단 입신(엑스타시) 과정은 이를 잘 설

---

10 유동식, 『한국무교의 역사와 구조』, 연세대출판부, 1989, 47-8쪽. 특별히
   여기에서 설명되는 춤이나 예술의 양식은, 오늘날 남사당패라든지, 탈춤의
   형태와 동작이 매우 비슷한 모습을 보여준다는 점에서 매우 눈길을 끈다.

명해 준다.11 일반적으로 무당이 춤을 추고, 노래를 부르며 신령과 사람들의 대동을 이끌어내는 모습에서도 확인되듯이, 이러한 신 내림과 입무入巫 현상은 서로가 매우 밀접하게 어우러지며 종교에 있어 중요한 역할을 감당하게 된다. 특히 강신무들이 초능력적인 신체 능력을 발휘하면서 입무 과정을 치르는 반면, 세습무들은 다양한 예술적 도구를 통하여 제의 속에서 기능을 수행하는 것이 일반적이다. 그러기에 이러한 예술적 능력의 학습 과정은 무업의 수행 과정에 있어서 무엇보다도 중요한 요소로 간주된다.

일반적으로 신병이 내려 무업에 종사하게 되는 강신무와는 달리 전통적으로 가족의 전통을 이어받아 무업巫業을 담당하게 되는 세습무의 경우는, 이러한 기능을 수행하는 대표적인 형태라고 볼 수 있다. 한반도에서는 이런 형태가 남부 지역을 중심으로 하여 널리 퍼져 있는데, 반드시 학습의 과정을 거쳐야만 직무를 이루어낼 수가 있다. 까닭에 일단의 가족이나 일가친척을 중심으로 일련의 혈연적 재산권 형태를 지니면서 이어져 내려오는 것이 일반적이다.

역사적으로 볼 때 고려시대의 교방敎坊 등에서 연등회 같은 축제의 행사를 주관하고 의전이나 예악을 담당했던 흔적들은, 무교의 예술 문화적 양식이 뿌리 깊은 생명력을 가진 것임을 반증한다. 홍청興淸이라는 말이 바로 고려여악高麗女樂 등에서 비롯되었다는 사실 또한

---

11 대한성서공회, 『성경전서』, 사무엘상 10장 이하.

이러한 예술·문화적 양식이 종교의 틀에서 벗어나 일반 사회로 폭넓게 퍼져 있었음을 보여준다. 조선 후기에 있어 무당의 결사 모임에 재인이나 광대들의 단체가 포함되었다는 사실이라든지 남자 무당을 광대로 인식하고 있는 자료들을 고려해 본다면, 이러한 예술·문화적 양식은 종교의 틀을 뛰어넘어 일상에서 나름대로 생명력을 지니고 세간에 일반화되어 갔다는 사실을 헤아릴 수 있다.

특히 오늘날 한반도에서 근대화가 급속히 진행되면서 무교의 종교적 양식은 급속히 사그라지고 말았다. 하지만 이와는 달리, 무교의 예술이나 문화적 양식은 무형문화재로서의 가치를 충분히 인정받아 나름대로 생명력을 이어가고 있다. 일반적으로 이러한 무형문화재 기능을 보유한 이들을 위해서 국가적으로 그 가치를 보호, 장려하고 있으며, 아울러 이들의 기능을 전수받기 위해 학습하는 이들을 위해서도 역시 제도적인 후원 장치가 마련되어 있다. 이러한 뒷받침 때문에 문화 다양성을 구가하는 지구촌 시대에 이들의 문화 예술적 가치는 뿌리 깊은 정체성을 지니는 것으로 평가받고 있기도 하다. 그리고 종교적인 의미와는 다른 측면에서 주목받으며 현대적 문화로 탈바꿈하는 갈림길에 서 있다.

샤머니즘, 어디까지인가

샤머니즘이나 민간신앙은 역사적으로 이 땅에 흘러들어 온 외래 신앙과 기나 긴 시간에 걸쳐 서로 어우러지는 현상을 보여준다. 이러한 습합 현상은 헤아리기 어려울 정도로 매우 광범위하여 딱 부러지게 구별해 내기가 불가능할 정도로 깊숙이 뿌리박혀 있다. 불교의 경우에는 이미 사찰의 가장 중요한 대웅전을 전후한 곳에 칠성각, 산신각 등을 수용하여 자연스레 민간신앙과의 관계를 맺고 있을 정도이다. 역사적으로 볼 때, 화랑과 미륵신앙이 결합되면서 폭넓은 대중적 신앙으로 불교가 자리 잡는 데 이바지하기도 하였다. 특히 무교에서의 주요한 구원 신앙으로 자리 잡은 바리데기 공주의 설화가 미륵신앙과 결합하는 형태는, 토착신앙을 통한 대중화를 이루는 데 결정적인 역할을 감당하였다.

고려시대에 들어서면 불교의 주요 신앙행사 중 하나였던 팔관회에서조차 각종 금기조항(不飮酒, 不邪淫, 不妄語) 등이 사라지고 일련의 난장판과 같은 축제 형태로 변형되어 진행되는 모습을 보인다. 당시 중국 사절단으로 방문한 서긍의 팔관회에 관한 글에는 여러 신적 존재(鬼神, 社稷, 靈星)에 대한 제사가 언급되는 것으로 보아, 폭넓은 형태의 무교 양식이 널리 자리 잡았던 것으로 보인다. 이 밖에도 유교와의 습합 양식도 자연스러워서 부락제, 당산제, 성인이나 영웅 숭배, 조상 제사 등이 복합된 양식으로 자리 잡게 되었다.

근대에 들어서 기독교가 이 땅에 전래된 이후에는 안수기도, 출산, 돌 예배나 고사 드리기의 변형으로서 다양한 일상의 모습으로 종교 행사가 수용되었다. 또한 급격한 사회 변동 속에서 자생적으로 발생하는 신종교와의 습합도 자연스러웠는데, 동학 등에서는 주문이라든지, 먹물 마시기, 칼춤 등의 양식으로 받아들여지는 것을 볼 수가 있다. 이렇듯 한반도에서 터 붙이고 생명을 이어나간 이른바 고등종교들이나 새로이 일어났던 신종교 세계에서는, 한결같이 삶의 자리에서 샤머니즘의 세계를 담아내며 나름대로의 체계를 펼쳐나갔다.

오늘날 지구 마을로 가까운 이웃이 되어 버린 세계에 살면서, 한국인들은 더 이상 외래 문화에 대해 막연히 동경하거나 외래 종교에 대한 맹목적인 줄서기를 되풀이할 수 없는 상황을 맞게 되었다. 오히려 세계화되는 가운데 마주치는 이웃들과의 삶에 있어서, 나름대로의 정체성을 지니기 위해 전통문화와 자아의식에 더욱 눈을 뜰 수밖에 없는 상황에 이르렀다. 이러한 현상을 반영이라도 하듯 어느새 한류라는 새로운 문화 인식이 훌쩍 커 버린 채 자리 잡고 있는 것이 오늘의 현실이다.

새로운 문화 다양성의 시대를 맞이하게 되는 21세기에, 이 땅에서 살아가던 피붙이들이 오랫동안 곰삭인 삶의 양식들은 일련의 집단무의식의 세계를 구성하면서 또 다른 모습으로 되살아나고 있다. 하늘이 내려 주신 삶의 자리에서 날과 때를 헤아리며 춤추고 노래하고 밤낮으로 하늘을 예배하던 이 땅에서의 원초적 문화 양식은, 아시아뿐만 아니라 숨을 내쉬고 들이마시는 모든 생명들 속에 보편적으로 담겨 있는 표현 양식이기도 하다. 이렇듯 하늘의 도리와 그 숨을 이어받아 살아가는 삼라만상의 비나리라는 것은, 우주가 존재하는 한 계속될 것이며 앞으로도 이 땅에 존재하는 다양한 종교 양식에 깊숙이 터하며 숨 쉬고 살아가게 될 것이다.

▮ 더 읽을거리

김인회, 『한국무속사상연구』, 집문당, 1993.

유동식, 『한국무교의 역사와 구조』, 연세대출판부, 1989.

이을호 외, 『한국사상의 심충』, 우석, 1986.

황선명 외, 『한국근대민중종교사상』, 학민사, 1983.

제3장

불교의 형성과 전개

붓다는 6년간 수련한 후에, 45년간 활동하였다. 이와 함께 해마다 아홉 달은 속세에서 활동하였고, 장마철인 세 달 동안은 그의 제자들과 함께 한 곳에 머물러 있곤 하였다. 매일의 일상생활도 마찬가지로 이런 형식을 따랐다. 하루의 활동 중에 반드시 세 차례씩 잠시 물러나 명상 등의 방법으로 정신적 활력을 위한 집중의 시간을 가졌다. 45년간의 사역에 진력한 후, 80세가 되던 B.C. 483년경 붓다는 세공장이 집에서 돼지고기 식사로 인한 이질 증세가 악화되어 임종을 맞았다. 전해져 내려오는 그의 유언은 단 두 구절뿐이었다. "모든 만물은 덧없는 것이다. 부지런히 정진하여 해탈하도록 하라."

역사적 싯다르타와 신앙의 붓다

동남아시아 일대의 유적을 훑어가다 보면 재미있는 현상을 만나게 된다. 이제는 우리에게 가깝게 다가온 앙코르 와트의 예를 들어보면 이렇다. 초기 앙코르 와트 유적은 대부분 힌두교적 양식과 설화를 주된 내용으로 하는 것이 일반적이다. 그러나 시기가 흐를수록 불교 양식이 힌두교 유적에 첨삭되면서 두 종교적 양식은 완전히 혼합되어 나타난다.

오늘날 앙코르 와트의 생김새는 힌두교 유적이 그 기본이다. 하지만 그 안에 모시고 있는 불상들과, 거주하며 구도하는 불교 수도승들로 인해 성격이 모호한 채로 남아 있다. 그런데 찬찬히 들여다보면 인도의 힌두교 전통에서는 붓다를 9번째 현신(顯身;avatar)으로 해석해 내는 전통이 자리 잡고 있기도 하다.12 오늘날 인도에서 힌두교 문화

---

12 Daniel E. Bassuk, *Incarnation in Hinduism and Christianity*, Humanities Press International INC., 1987. 이 책에서는 힌두교 신화에 나타난 顯身(avatar)의 여러 가지 양태를 고찰하면서, 긍정적이든 부정적이든 붓다 역시 Vishnu의 현신 양식으로 힌두 문화에서 이해되고 있음을 밝히고 있다. 특히 p.40 이하를 참조하라.

속에 불교가 자리하고 있다는 평가도 바로 이에서 기인한다.

종교의 역사라는 측면에서 실제로 불교의 발생 배경을 짚어가다 보면, 힌두교의 베다 전통과 우파니샤드 철학 그리고 자이나교의 맥락을 잇고 있는 불교 사상의 흐름을 쉽사리 확인할 수 있다. 이는 역사상의 싯다르타가 진리의 구도자로서 수행하였던 발자국을 따라가 볼 때에도 드러나는 사실이다. 구체적으로 따져본다면, 불교의 윤회 교리라든지 금욕에 관한 여러 가지 교리에서도 이러한 모습이 반영되어 나타난다. 위의 사실들은 힌두교의 해석학적 과정을 거쳐 성장하게 된 불교의 정체성을 잘 보여준다.

불교는 붓다buddha로부터 비롯되는데, 산스크리트어에서 'budh'라는 것은 '깨닫는다', '알게 된다'는 의미를 담고 있다. 그러므로 붓다라는 것은 '개명한 자', 혹은 '깨달은 자'라는 말이다. 그는 B.C. 563년경 인도 국경 근처인 지금의 네팔에서 태어났다. '싯다르타'Siddhartha는 그의 이름이었고, 그의 성은 '고타마'Gautama 그리고 '샤카'Sakyas는 그의 가문이 속해 있는 종족의 이름이었다. 당시의 정황으로 보아 그는 매우 호사스러운 양육기를 거쳤다고 말할 수 있다. 또한 매우 준수한 용모를 가진 것으로 보이는데, 이는 여러 곳에서 나무랄 데 없는 말쑥한 외모를 언급하고 있기 때문이다. 16세쯤 되서 그는 이웃의 공주와 혼인하여 아들을 낳았다.

그 후 출가하여 6년간 그는 모든 정성을 기울여 정진하였다. 이 수도 과정은 대략 세 단계를 거치게 되는데, 그의 첫 번째 시도는 당시 힌두교의 뛰어난 스승들의 가르침을 추구하면서 거대한 전통 속에 담겨 있는 그들의 지혜의 마음을 찾아내는 것이었다. 다음은 금욕주의자들의 무리와 함께 온전한 수련을 쌓는 일이었다. 초인적인 의지의 힘으로 갖가지 모든 고행에서 타의 추종을 불허할 정도였으나, 이 체험으로 인해 그는 고행의 무익함을 깨닫게 되었다. 여기서 그는 역설적으로나마 나름대로의 교훈을 얻었으며, 금욕주의의 실패를 통하여 새로운 깨달음의 구상을 이루는 발판을 마련하게 되었다.

고행으로부터 벗어난 고타마는 어느 날 저녁 북동 인도 근처의 보리(bodhi;깨달음)나무 밑에 좌정해 있었다. 여기서 그는 49일 간이나 삼매경에 빠져 있었으며, 이후에 '영화로운 통찰'로 새로운 세계를 열게 되었다. 그 후 거의 반세기에 걸쳐 험악한 인도 전역을 순례하였다. 백발이 될 때까지 발걸음과 육신을 쉬지 않고 움직이며, 자아를 일깨우고 인생을 구원하는 메시지를 세상에 전파하였다. 수도하는 이들의 모임을 조직하였고, 브라만 사회의 구태의연함에 정면으로 도전하였다. 그의 일상은 수도승들을 훈련시키고, 그 단체를 보살피는 일과 수많은 대중 설교, 개인적인 상담 그리고 충고와 격려, 위로의 발걸음으로 메워졌다.

붓다는 6년간 수련한 후에, 45년간 활동하였다. 이와 함께 해마다 아홉 달은 속세에서 활동하였고, 장마철인 세 달 동안은 그의 제자들과 함께 한 곳에 머물러 있곤 하였다. 매일의 일상생활도 마찬가지로 이런 형식을 따랐다. 하루의 활동 중에 반드시 세 차례씩 잠시 물러나 명상 등의 방법으로 정신적 활력을 위한 집중의 시간을 가졌다. 45년간의 사역에 진력한 후, 80세가 되던 B.C. 483년경 붓다는 세공장이 집에서 돼지고기 식사로 인한 이질 증세가 악화되어 임종을 맞았다. 전해져 내려오는 그의 유언은 단 두 구절뿐이었다. "모든 만물은 덧없는 것이다. 부지런히 정진하여 해탈하도록 하라."

진리의 선포자가 선포된 진리로!

붓다 스스로가 끊임없이 주의를 기울였음에도 불구하고, 생전에 그를 신으로 추앙하려는 모습들이 끊임없이 되풀이되었다. 그는 이런 낌새를 분명하게 잘라내었고, 아울러 자신이 모든 면에서 사람이라는 것을 역설하였다. 자신의 연약함과 유혹에 대해 조금도 숨기려 하지 않았고, 그기에 깨달음에 이르는 것이 얼마나 어려운지, 또한 해탈을 얻는 것이 얼마나 험난한지, 그리고 여전히 오류투성이인 우리네 인생의 모습을 낱낱이 보여주었다. 게다가 성적인 유혹과 시련이 또 다시 닥친다면 제대로 감당해 낼 수 있을지 걱정스럽다고 거리낌 없이 털어놓곤 하였다.

한편 인간 싯다르타로부터 불교라는 종교로 전이되는 과정에 있어서, 그 뿌리를 이루었던 힌두교적 배경이 불교와 대립는 것처럼 보이는 것은 지극히 당연하다. 꾸준하면서도 오랜 시간에 걸쳐 차곡차곡 정신적 성장을 이루어 온 힌두교와 비교해 본다면, 붓다의 종교는 하룻밤 사이에 이루어진 것이나 다를 바 없다. 대체로 본다면 불교는 힌두교의 왜곡된 모습에 대한 종교적 반작용으로 보이는데, 불교가 힌두교의 혈통을 이어받기는 하였지만 그 광범위한 타락 현상에 대해서는 매서운 채찍이 되었던 셈이다.

붓다의 가르침을 이해하기 위해서는 우선 부분적으로나마 그 원인을 제공했던 힌두교에 대해 간략한 전 이해가 필요하다. 붓다 시대에 있어 힌두교의 경우 일련의 종교적 구성 요소들 즉 제의, 교리, 전통 등에 심각한 왜곡 현상이 일어났다. 처음에는 권위를 지녔던 브라만 계급은 자신들의 종교적 특권의 축적과 조직을 과도하게 장악하였고, 점차 세습화되면서 화석화의 길을 걷게 되었다. 제의는 기적을 바라는 기계적 수단으로 전락했으며, 사유 역시 현실의 삶을 망각한 채 무의미한 지적 유희로 흘러가고 말았다. 이러한 타락과 왜곡, 맹목과 미신의 만연 그리고 고리타분한 제의 종교의 물결 속에서 붓다가 출현하여 새로운 삶을 위한 진리의 터전을 닦기 시작하였다.

우선 붓다는 권위를 배제하는 종교를 설파했다. 그의 선포는 두 가지 측면이었다. 우선 그는 종교적 교훈에 대한 브라만 계급의 독점적 지위를 타파하려고 했으며, 또한 이제까지 소수에게 독점되어 오던 것을 누구에게나 접근 가능한 것으로 바꾸어 놓으려고 하였다. 권위에 대한 그의 첫 번째 공격이 카스트 계급에 대한 제도적인 것이었다면, 두 번째는 바로 모든 이들을 향한 것이었다. 많은 이들이 수동적으로 브라만들이 지시하는 것에 의존하고 있었을 때, 붓다는 모든 이들에게 각자가 스스로 구도를 이루라고 역설하였다.

둘째, 붓다는 제의를 배제한 종교를 선포했다. 그는 계속해서 브라만 종교의 제의들이 우상이나 미신에 불과한 허튼 것이라고 비판했다. 실제로 그것들은 관련 없는 정도가 아니라 그 이상의 해악을 끼치고 있었다. "제의와 예식의 능력을 신봉하는 것"은 인간 영혼을 가로막는 10가지 족쇄 중의 하나라고 보았다. 힌두교의 형식을 훌훌 털어 버렸던 붓다는, 가르침을 종교가 아닌 합리적 도덕으로 규정한다거나 그 자신에 대한 우상화의 유혹까지도 단호히 물리쳤다.

셋째, 붓다는 모든 사변을 불식시킨 종교를 말하였다. 그가 단호하게 '이론의 덩굴'을 잘라 버리고 침묵하였다는 사실은 무심히 보아 넘길 수 없다. 끊임없이 제기되는 시달림에도 불구하고 그는 말없이 침묵만을 지켰다. 이러한 자세는 한치의 빈틈도 없이 철두철미하였기 까닭에, 제자들은 자연스레 이 가르침에서 벗어나거나 무익한 사변의 세계로 빠질 수 없게 되었다. 유명한 '독 묻은 화살의 비유'는 이러한 가르침을 확실하게 뒷받침해 준다.

넷째, 붓다는 전통을 뛰어 넘는 종교를 말하였다. 그는 과거를 딛고 일어서서, 그 정점에서 그의 비전을 무한히 넓혀갔다. 그러나 당대의 사람들은 대부분 그 과거의 늪에 사로잡혀 있었다. 그래서 그는 제자들에게 이 과거의 짐에서 자유로와질 것을 가르쳤다.

다섯째, 붓다는 매우 강력한 자력적 종교를 내세웠다. 이미 살펴본 대로 붓다 시대의 인도에는 많은 이들이 탄생과 재생의 끊임없는 굴레 속에서 악몽과도 같은 인생을 살아간다는 인식에 사로잡혀 있었다. 붓다는 이렇듯 만연된 숙명론보다 더 해로운 것이 없다고 생각하였다. 어떤 신이나 우상들 심지어는 붓다 자신에게도 연연치 말아야한다고 말했다.

여섯째, 붓다는 초자연적 현상들을 종교에서 제외시켰다. 그는 예언이나 점괘, 요술 등을 저급한 것으로 단정하였다. 비록 붓다가 죽은 뒤에 시종일관 경계했던 버릇들이 다시금 되살아나긴 했지만, 그가 살아 있던 동안에 이 가르침은 계속 든든히 서 있었다. 결과적으로 이 같은 원시불교의 모습은 독특한 색깔을 지니고서 귀중한 정체성을 이루게 되었다. 이러한 통찰 속에서 종교 본래 의도하는 바에 대한 지평이 보다 뚜렷하게 드러나기 때문이다.

네 가지 가르침과(四聖諦) 여덟 가지의 길(八正道)

우리는 원시 불교를 다음과 같이 정리해 볼 수 있다. 우선 사성제는 붓다의 체계에 있어 주춧돌이 되고 있는 동시에 여타의 가르침이 논리적으로 전개되는 전제이다. 사성제의 첫 번째는 삶이 고통

(dukkha)이라는 것이다(苦). 인생에서 행복한 시간을 갖는 것이 가능하고 또한 즐겁다는 것을 모르는 바는 아니나, 이 행복한 삶이 얼마나 지속되겠는가 하는 문제와 존재의 모든 차원에서 이 행복이 계속되겠는가는 언제나 수수께끼이다. 그래서 팔리Pali어에서 '고苦(Dukkha)'라는 말은, 바퀴의 축이 빠져 버렸다든지 뼈가 제자리에서 탈골되었을 때 사용되고 있다.

이 상처를 치유하기 위해서는 원인을 규명하여야 하는데, 사성제의 두 번째는 바로 이것을 밝히는 가르침이다. 우선 삶의 왜곡된 원인은 '탄하tanha'라고 말한다(集). '탄하'는 특정한 종류의 욕망으로, 사사로운 이익을 위한 욕망을 말한다. 탄하는 삶을 망쳐 버리는 세력이다. 욕망을 이루기 위해 자유를 내던져 버리는 까닭에 결국에는 곪아 터진 종기가 새어 나오게 마련이다.

사성제의 세 번째는 두 번째의 논리적 결과이다. 인생의 왜곡이 이기적인 욕망에서 비롯되는 것이라면, 이를 치료하는 길은 그 욕망의 극복에 있다(滅). 우물 안 개구리를 벗어나게 될 때에야 비로소 너른 벌판에로 나아가는 삶이 열리고, 고통은 해소될 수 있다.

사성제의 네 번째는 어떻게 이 치유가 완성되는가에 대해 말한다(道). 탄하를 극복하고 욕망에서 벗어나는 방법이 바로 팔정도八正道이다. 팔정도는 치료하는 과정이다. 그러나 아무런 조건 없이 환자가 수동적으로 받아들이는 피상적인 치료가 아니다. 도깨비방망이나 푸닥거리 같은 공짜 점심은 없다. 오히려 철저한 훈련이 뒤따르는 치료

법이다. 붓다가 말하는 이러한 실천은 여덟 가지 단계로 나눌 수 있다. 여기에서 예비적 단계는 올바른 관계를 맺는 것이다. 다른 계명들도 있지만, 올바른 관계 형성이 다른 것들을 보증하는 기본이 된다.

1. 올바른 봄(正見); 인생길에는 신뢰할 수 있을 만한 청사진이나 안내도가 필요하다. 사성제는 바로 이러한 요청에 부응한다. 수많은 고난들은 사사로운 욕망에서 비롯된다는 것과 이 욕망은 다스릴 수 있다는 것 그리고 이 다스림의 요체가 바로 팔정도라는 가르침이다.

2. 올바른 마음가짐(正思); 인생의 의미 물음으로 진지하게 마음을 일깨웠다면, 두 번째로 마음이 진정으로 원하는 것에 대한 결단이 필요하다. 위대한 업적을 이루는 사람들은 한결같이 변함없는 자세로 한 마음에서 흔들리지 아니한다.

3. 올바른 말(正言); 우리의 삶을 좌우하는 실마리들을 다루는 데 있어 첫 번째가 언어의 문제이다. 언어를 파악하고 그 특징에 관해 말하는 것이다. 이를 통해 진리에서 얼마나 벗어났는가를 깊이 되짚어보고 왜 그리 됐는가를 곰곰이 따져 볼 일이다.

4. 올바른 몸가짐(正業); 구도자는 모름지기 몸가짐을 살펴보아 스스로를 다잡아야 한다. 일반적으로 가르침은 십계명의 후반부 윤리에 대한 번역판처럼 보인다. 살인하지 말라. 도적질하지 말라. 거짓말하지 말라. 방탕하지 말라. 술 취하지 말라는 것이다.

5. 올바른 뜻(正命); 사람의 행동거지가 어긋난다면 정신적인 성숙은 있을 수 없다고 붓다는 말한다. 기독교도 마찬가지이다. 사회 구

조상 불가피하게 요청되는 사형 집행인이 있기는 하지만, 진정한 신앙의 세계에서 고리대금업이나 투기꾼을 마냥 받아들일 수 없는 노릇이다.

6. 올바른 삶(正精進); 붓다는 의지에 관해 상당히 강조하였다. 이 목표에 도달하기 위해서는 각고의 노력을 필요로 한다. 덕성의 개발과 감정을 다스리는 것이 필요하고, 파괴적인 마음 상태가 사라져야 한다. 이럴 때에 비로소 연민과 초연함이 제대로 자리 잡게 된다.

7. 올바른 생각(正念); 붓다만큼 인생에 있어 마음의 중요성을 강조한 경우는 드물다. 많이 애송되는 법구경法句經(Dhammapada)은 다음과 같은 말로 시작된다. "우리 모든 것은 생각하는 것에서 비롯되는 것이다", "모든 만물은 마음 쓰기에 달려 있다."

8. 올바른 틀(正定); 이 단계는 기본적으로 힌두교의 수양론과 동일한 목표를 지니고 있다. 이는, 단순히 새로운 철학관으로서가 아니라, 새로운 세계의 통로를 발견한 피조물이 전적으로 변화하는 새로운 방식으로서의 삶이다.

대승불교와 소승불교

이제까지 우리는 초기 자료에 나타난 불교에 대하여 살펴보았다. 이제는 관점을 바꾸어 불교의 다양한 전통과 그 흐름에 따라서 어떤 변화가 일어났으며, 대중의 종교적 욕구와 붓다의 다양한 인격 이해가 어떻게 불교에 수용되었는가를 따라가 보기로 하자. 붓다가 죽고 채 한 세기가 지나기도 전에, 이미 불교의 흐름을 커다란 물줄기로 나누는 계기가 움트고 있었다. 불교가 왜 분열되었는가를 이해하는 한 가지 방법은 초기 불교가 관련되었던 사건과 인물들 그리고 환경을 분석해 내는 것이다.

초기 불교도들은 다양한 모습을 보여주었다. 어떤 무리들은 붓다의 다음과 같은 유언을 중심 주제로 놓았다. "네 스스로 밝혀 나가거라. 끊임없이 정진하여 해탈에 이르도록 하라." 이들에게 있어서는 모든 진보가 지혜의 결과로 간주되며, 이는 명상을 통해서 고통의 원인을 통찰함으로써 이루어진다. 그런데 어떤 이들은 생각이 달랐다. 공감대를 형성하는 것이 깨달음의 중요한 요체가 되는 것이고, 애오라지 깨달음에 매달린다거나 자신만의 깨달음에 사로잡히는 것은 그다지 지혜롭지 못한 것으로 보았다. 인간 존재는 개인적이라기보다는 사회적 존재이다. 그러기에 사랑은 이 세상에서 가장 위대한 것이 된다.

바로 이러한 기본적인 문제에 서로 간의 차이점이 존재하고 있다. 첫 번째 무리들은 불교가 완전한 헌신이어야 함을 역설한다. 이들은 열반을 자신의 주요한 과제로 삼기에, 이 세계를 포기하고 승려가 되어야 한다고 보았다. 둘째 무리들은 자력적인 것에 모든 기대를 두지 않는 까닭에 전자와 같은 버거운 짐을 요구하지 않는다. 그러기에 수도승들에게 관련이 있는 것은 평신도에게도 마찬가지인 셈이다. 모름지기 수도원에서 이루어지는 것은 세속 세계에서도 동일하게 적용되어야만 하는 법이다.

이러한 차이점은 각각을 지칭하는 명칭에서도 잘 나타나고 있다. 이 양자의 이름에는 모두가 다 수레(yanas)라는 단어를 담고 있는데, 이는 양자가 모두 인생의 바다에서 중생들을 깨달음의 땅으로 인도한다는 뜻을 담고 있다. 그러나 두 번째 무리들은 우주적 자비(은혜)의 교리를 내세웠고, 이를 바탕으로 하여 '중생을 위한 불교'라는 보다 큰 수레를 주장한다. 따라서 그들은 큰 수레(大乘)라는 의미의 Mahayana라는 이름을 얻게 되었고, 자연히 다른 무리들은 그 반대 개념으로 '작은 수레'(小乘;Hinayana)라는 이름으로 알려지게 되었다.

이에 소승불교도들은 자신의 불교에 대해 Theravada 불교라는 이름을 붙이게 되었는데, 이것은 '원로들의 가르침'이라는 뜻을 담고 있다. 그들은 고타마 당대의 불교인 원시 불교의 참 모습을 대변한다는 말로써 우월한 위치를 획득하려 했던 셈이다. 만일 우리가 붓다의 가르침을 규명함에 있어 초기 경전인 팔리어 경전에 눈을 돌린다면 이런 주장은 거의 틀림이 없다. 그 경전 기록에 따르면 Theravada의 입장을 옹호하고 있기 때문이다.

그러나 이러한 내용을 구실 삼아 정통 계보임을 내세우는 소승불교에 견주어본다면, 대승불교의 가르침 역시 지푸라기라고 말할 수는 없다. 따져 보면 붓다의 가르침이란 것은 팔리어로 쓰여진 경전보다는 그 자신의 생애와 활동 속에서 웅변적으로 펼쳐지고 있기 때문이다. 그의 삶에서 눈여겨보아야 할 것은, 그가 해탈 후에 열반에 안주하지 않고서 중생을 위한 삶으로 발걸음을 이어나갔다는 사실이다.

과연 무엇이 다른가

일반적으로 두 학파의 계속되는 발전 과정과 이해 방식에 관해서는 아래와 같이 간단하게 정리해 볼 수 있다.

1. 소승불교에 있어서 진보라는 것은 개인에게 달려 있다. 즉 개개인의 이해나 확고한 의지의 실천에 좌우된다는 말이다. 반면 대승불교에 있어서 개인의 운명은 모든 삶과 연관되어 있는 것이기에 궁극적으로는 나누어질 수 없다.

2. 소승불교에서는 인간성이 우주 내에서 독자적인 것으로 간주된다. 어떤 신들도 우리의 곤경을 도울 수 없으며, 자기 신뢰만이 유일한 인간의 희망이다. 대승불교에서는 반대로 은총의 보편성과 우주성을 일깨운다. "모래알 하나하나에도 붓다가 있다"는 것이다.

3. 소승불교에 있어 깨달음의 최상의 원리는 지혜이다. 이는 본성이나 염려와 고통의 원인 또는 고유한 자아의 결핍에 대한 심원한 통찰을 의미하는 것이다. 한편 대승불교적인 관점에서 보면, 자비의 열매가 자기에게서 비롯될 수는 없다. 처음부터 이 자비는 지혜에 우선

하여 주어지는 것이다.

4. 수도원(sangha) 제도는 소승불교의 핵심이기도 하다. 수도원(수녀원은 극소수였다)은 불교가 전파된 모든 지역에서 정신적인 지주가 되었고, 모든 이들에게 보이는 실재 너머의 심원한 진리를 깨닫게 해주는 계기가 되었다. 반대로 대승불교는 우선적으로 평신도들을 다루게 된다. 승려는, 결혼이라든지 세속사회에 대해서도 밀접하게 얽혀져 있다.

5. 소승불교에서 이상향은 아라한으로서, 붓다의 온전한 모습을 지향한다. 이는 코뿔소와 같이 홀로 두루 다니면서 오직 열반을 성취하려는 바람 속에서, 비범한 집중력으로 이 목적을 수행해 나아간다. 반대로 대승불교에서는 보살도가 이상적인 모습으로 나타나는데, '완전한 지혜를 본질로 가진 자'(菩薩;boddhisattva)라는 뜻을 지닌다. 이 존재는 열반의 경지에 들어섰음에도 이를 마다하고 세속에 머무르면서 뭇 생명의 구원을 뒷바라지를 할 뿐이다.[13]

6. 붓다에 대한 이해에 있어서도 색깔을 달리하는데, 전자에게 있어서 붓다는 본질적으로 하나의 성인이지만 후자에게 있어서는 구세주로서 나타난다. 소승불교에서는 그를 최고의 성자로 숭배하는 바,

---

13 이 보살의 경우 대표적인 형태는 자비의 여신상인데 인도에서는 Avaloki-tesvera, 중국에서는 觀音이라 부른다. 스스로 자원하여 평생을 진력하며, 쌓인 공력을 통해 타인들이 열반에 들어갈 수 있도록 대리적인 봉사를 우선적으로 감당해 낸다.

진리를 깨달은 그의 공력을 통하여 많은 이들에게 길을 제시한 위대한 스승이다. 대승불교에서 붓다에게 느끼는 숭배에는 오히려 인간적인 면이 철저히 가리워져 있다. 그들에게 있어서 붓다는 세계의 구원자이며 중생을 구제하는 존재이다.

이 밖에도 소승불교에서는, 복잡하게 사색하는 것을 불필요한 겉치레로 간주했던 붓다의 태도를 견지하는 것이 일반적이다. 반면, 대승불교는 다양한 천국관과 지옥관으로 인하여서 갖가지 우주론을 다 지니고 있다. 또한 소승불교의 유일한 기도 수단이 심원한 신앙과 자비를 바라는 명상인데 반하여, 대승불교에서는 영적인 성숙을 위하여 붓다의 이름을 염송하거나 탄원과 간구하는 형태에 별 거리낌이 없다.

마지막으로 소승불교는 초기 팔리어 경전에 의존하는 원칙주의 입장을 보이는 보수주의에 가깝지만, 대승불교에서는 거의 모든 경전을 수용하는 자유주의 입장이 강하다. 그러기에 후대에 이루어진 경전에 대해서도 동일한 권위를 부여해 주고, 수도의 규율에 대한 해석도 덜 엄격한 면을 보여주며, 일반적으로 여성과 평신도의 정신적 성숙에 대해서도 높은 관심을 지니고 있다. 제도와 사색, 은총 그리고 초자연적인 것을 거부하는 것으로 시작된 이 종교는 결국 배후에 이 모든 요소가 힘을 발휘하는 모습을 지니게 되었고, 붓다 자신은 절대적인 신 자체로 바뀌어 갔다.

제국 불교의 확장과 변화

불교 역사에 있어서 아소카 왕(272-232 B.C.)의 치적은, 마치 찬란한 햇살에 빛나는 우뚝한 히말라야 산맥과 다를 바 없다. 스스로 대승불교에 입문한 것은 물론이고 신하들까지도 이에 따르게 했던 그의 불교적 법륜 상징은, 오늘날 인도 국가의 깃발이 되었다. 그는 산스크리트어 경전을 바탕으로 불교의 대중화를 이끌어내었고, 인도 대륙뿐만 아니라 3개 대륙에 걸쳐 이를 널리 포교하였다. 인도의 한 구석 작은 종파에 불과했던 불교를 통해 인도 대륙을 하나 되게 하고, 나아가 이를 세계적인 종교로 바꾸어 놓았던 것이다. 그러나 한 개인의 역사가 불교의 범세계주의를 만들어냈다고 말하기는 어려운 법이다. 아시아는 나름대로의 여러 방식으로 붓다의 교훈을 받아 이를 수용하게 되었고, 그러한 과정에서 차근차근 소승과 대승을 구별해 내는 시금석이 마련되기에 이르렀다.

일반적으로 아소카 대왕의 불교 중흥 정책은, 소승불교(hinayana)의 이상향으로 일컬어지는 성인(Arhat)의 모습이라든지 불교 설화 및 비유를 기초로 하여 이루어지는 아함경의 가치보다는 소위 대승불교로 알려진 불교 사상과 밀접한 관련을 갖는다. 더구나 용수(龍壽;nagarjuna)로 대표되는 사상적 발전은 보살 정신과 삼신 사상(trikaya)의 출현으로 이어지면서 경전의 해석학적 발달 과정을 밟기에 이른다. 흔히 법신(法身,Dharmakaya; 우주적이며 절대적인 붓다), 화신(化身 또는 應身;

Nirmanakaya: 지상에 현현한 붓다) 그리고 보신(報身;Sambhogakaya:영적 정신적 실체로 존재하는 보살과 붓다) 등으로 정리되는 삼신 사상은, 불교의 우주적이고 보편적인 사상의 확장에 커다랗게 이바지하였다. 이러한 맥락에서 훗날 반야경(사물의 본질과 불법의 참다운 이치를 깨닫는 지혜)이라든지 화엄경(보살사상으로 부처의 가르침을 보편성에 의거 해설하는 경) 그리고 법화경(석가의 가르침과 보편적 의미를 종합한 경전) 등이 주요한 경전으로 자리 잡아 가는 것을 볼 수가 있다.

소승불교 역시 이제까지 그렇게 잘 알려져 있지 않았지만, 붓다의 가르침을 세상에 구현해 보려는 모습들이 잘 드러나 있다. 이는 일련의 대동사회와 비슷한 모습인데, 세속 군주와 수도 공동체 그리고 대중 신자 공동체라는 삼각 형태를 이룬다. 각각은 나머지 두 부분에 대한 책임을 감당하는 동시에 그들로부터 도움을 받기도 한다. 오늘날 스리랑카, 미얀마, 태국, 캄보디아를 비롯한 남아시아 일대에는 아직까지 이러한 소승불교가 남아있다. 여기에서는 지금도 붓다의 교훈에 대한 정치적 측면을 중요하게 간주하고 있으며 오늘날까지도 이런 모델의 흔적이 여럿 남아 있기도 하다.

중국에 있어 불교에 대한 관심은(이 계통으로는 대개 대승불교가 전파되었는 바, 한국이나 일본 그리고 티베트 등도 마찬가지이다) 사회적인 차원을 넘어서서 정치와 아울러 교육에까지 폭넓게 퍼져 있다. 동아시아에 있어서 불교는 일종의 접붙이기 같은 형태로 나타난다. 지역적으로나 역사적인 이유로 소승불교는 여전히 불교문화의 원시 형태에 관한 초창기 사상에 충실한 반면, 대승불교는 종교적 요체를 지닌 불교가 그 사회적 변화를 담은 문화 형태에 접붙여진 방식으로 이어져 갔다. 이러한 소승/대승에 관한 여러 가지 이론들은 불교 역사에 대한 끊임없는 계속적인 관심을 세계에 열어 주고 있다.

연꽃의 비밀

불교가 소승과 대승으로 나누어진 다음, 소승불교는 계속 나름대로의 통일체를 유지했지만 대승불교는 여러 학파나 종파의 모습으로 옷을 바꾸어 입게 되었다. 이중 가장 대중적인 형태는 정토종淨土宗이다. 또 다른 대승불교 종파인 천태종天台宗은, 학문과 지식의 습득 그리고 사회적 실천을 다루는 유교 사상의 영향을 받아 이를 불교적으로 수용하고 있다. 까닭에 모든 불교 이해의 정점으로『묘법연화경』을 내세운다. 아울러 대승불교의 여러 분파 중에서 도교의 사유 방식에 영향을 받아 중국 불교의 색채로 자리 잡게 된 선불교와 티베트에서 꽃피우게 된 불교를 눈여겨볼 필요가 있다.

선불교는 여타 대승불교 종파들과 같이 그 근원을 역사상의 고타마에게 두고 있다. 이에 대한 전형적인 사례는 붓다의 연꽃 설법이다. 제자들에게 둘러싸여 산에 올라간 붓다는 특이하게도 아무런 말씀도 하지 않으시고 단지 황금연꽃만을 치켜들었다. 모두가 이 웅변적인 행위의 의미에 대해 궁금해 하고 있을 때 가섭(Mahakasyapa)만은 그 뜻을 알아차리고 빙긋이 웃었고, 이 전통의 계승자가 되었다는 것이다. 이 미소를 잉태한 통찰은 인도에서 28대를 거치며 전수되었고, A.D. 520년경 보리달마에 의해 중국으로 전해지기에 이른다.[14]

이런 유의 가르침은 선불교에서 다양하게 전개된다. 선불교의 관점은, 앞서 언급한 연꽃 설법에서와 같이 나름대로의 체험적 진리를 언어적 표현과 동일시하는 것을 거부했다는 점에서 그 특징이 드러난다. 보리달마 역시 이 진리의 전통 속에서 중국에 '교외별전教外別傳'의 세계를 전수해 준 인물이다. 이것은 일반적인 종교 전승과는 매우 다른 모습을 지니기 때문에 낯설어 보이게 마련이다. 실제로 힌두교의 베다 경전이나, 유교의 경전, 유대교의 토라, 기독교의 성경, 이슬람의 코란 등을 비교해 보아도 쉽게 알 수가 있다. 모두가 경전이라는 도구를 통하여 나름대로의 가르침을 전수하는 것이 일반적이기

---

14 이런 선불교 전통을 우회적으로 풍자해 주는 두 가지 시구가 있다.
　　<우리 육신은 보리수이다.
　　우리 마음은 맑은 거울과도 같다
　　늘 때 묻지 않도록 조심하고
　　깨끗하기를 힘쓰라>
　　<보리(참된 지혜)는 나무가 아니다.
　　마음은 비치는 거울이 아니다.
　　애초에 아무 것도 없었을 뿐인데,
　　무슨 먼지를 닦으란 말인가?>

때문이다. 15

　그럼에도 선불교의 전통이 끊어지지 않은 채 오히려 오늘날 지구상에 널리 퍼져나가게 된 주요한 원인은, 바로 이 같은 가르침을 통해 시간과 공간에 얽매이지 않고 알맹이를 지켜나갔기 때문이다. 일반적으로 종교의 세계에서는 존속을 위한 나름대로의 고안 끝에 제도와 계율을 만들고, 계급제도를 세우거나 교리와 신조를 제정하는 것이 보통이다. 반면 선불교에서는 영성의 특별한 가능성을 믿고서, 마음에서 마음으로 이어지는 것이 가능하다고 말한다. 수 세기 동안 이러한 내적인 긴장 관계는, 스승과 제자 사이에 붓다의 장삼과 밥그릇을 이어가는 것으로 상징되어 왔다. 그러나 8세기경에 이르러서는 이러한 상징적 행위조차 털어내기에 이르렀다.

　구도자들이 이러한 붓다의 가르침을 간직하기 위해서 겪어 내야

---

15 물론 선불교에도 경전이 없는 것은 아니다. 절에서는 아침과 저녁 예불마다 경전을 낭송하곤 한다. 그럼에도 경전에 대한 선불교의 이런 독특한 태도는, 교리의 경우에 있어서도 예외가 아니다. 대부분의 종교가 일련의 교리를 중심하여 구성되는 것과는 달리, 선불교는 언어적 형식에 구속되는 것을 거부한다. 이것은 "쓰여진 언어에서는 볼 수 없고, 규정된 교리로도 알 수 없는" 것으로서, 보리달마가 지목했던 자세로 돌아가는 것이다. 禪師들은 자신의 제자들에게 경전을 발기발기 찢어버리게 한다든지, 붓다나 열반과 같은 말을 떠올리는 것조차 금기시한다. 이로써 제자들로 하여금 언어적 장벽을 넘어서게 하려는 것이다. 언어적 구속을 벗어나서 마음속에 참된 진리의 세계를 펼쳐 주려는 뜻이 숨어 있다. H. Smith, 『세계의 종교』, 은성출판사, 2005, 185쪽 참조.

할 수련은 세 가지로 요약할 수 있다. 이는 좌선坐禪, 공안公案 그리고 참선參禪 등이다. 좌선은 말 그대로 "앉은 채로 명상하는 것"이다. 이러한 과정 가운데 정신 수련을 위해 낯선 숙고를 하는데, 이를 가리켜 공안이라 부른다. 공안이란 문제제기를 말한다. 선불교에 있어서 이성이라는 것은 마음을 속세에 묶어 놓는 쇠사슬과 같은 셈이다. 그러기에 공안이라고 하는 것은 이를 극복하는데 도움을 주는 도구이다. 역설과 해답 없는 상황 그리고 이성에 의지하는 마음이 막다른 골목에까지 이른 상태에서, 일차원의 삶과 이차원의 삶의 간격을 메워주는 번개 같은 통찰을 얻는 것이다.16

이렇듯 좌선과 공안, 참선 등이 의도하는 바는 무엇일까? 첫 번째로 가장 중요한 계기가 되는 것은 '각覺'이라고 불리는 직관적 체험을 들 수 있다. 비록 오랜 준비 단계를 겪게 마련이지만, 이 체험은 순식간에 경험되는 것이다. 이와 동시에 만물이 새롭게 뒤바뀌는 것과 같은 세계가 열린다. 그리고 선불교의 걸출성은 여기서 빛을 발한다.

---

16 공안이 모순적인 것처럼 보이는 것은 이성 자체가 제한된 범주 내에서 진행되는 것이기 때문이다. 이 범주를 벗어나게 되면 공안은 전혀 이상할 것이 없다. 한때의 정신적 장애물은 제거되며, 이해 가능한 것으로 바뀌게 된다. 그리고 하루에 두 번 정도 수도승은 개인적으로 명상에 도움이 되는 상담 과정으로 스승을 대면하게 되는데, 임제종이나 조동종에서는 이것을 참선이라고 한다. 대개 이 만남은 극히 짧은 것이 보통이고, 부적절한 답변에 대한 스승으로부터의 질책이 주종을 이룬다. 이는 수도승으로 하여금 지속적으로 이러한 일에 정진할 수 있도록 도움을 줄 수 있기 때문이다. H. Smith, 앞의 책, 188-95쪽 참조.

즉 깨달음을 얻게 된 후에도 이 불완전한 세상을 저버리지 않으며, 아울러 초월적이고 이상적인 세계를 단념하지도 않는다. 선의 목적은 유한한 것을 영원한 것에 입 맞추게 하며, 이로써 깨달음의 놀라운 체험이 온 세상에 미치도록 믿음의 세계를 확장시키는 것이다.

금강승金剛乘의 세계

이제까지 불교에 있어서의 두 가지 방법론을 살펴보았다. Hinayana가 문자적으로 소승을 의미하고 Mahayana는 대승을 의미한다고 하면, 또 하나의 전통 Vajrayana는 금강승을 말하는 것이다. 이 말은 원래 인도에서 천둥번개를 일컫는 말인데, 초기 불교의 팔리어 경전에 서는 번갯불 같은 신의 모습이 자주 언급되곤 한다. 그러나 대승불교에서 붓다의 모습을 우주적 형태로 확장시키면서, 이 천둥번갯불은 금강석 같은 붓다의 주권으로 이해되었다. 이러한 사실은, 금강승이 붓다의 공명한 자비심을 깨닫는 힘으로서 능력과 광명을 나타내는 토착화의 방법으로 사용되었음을 알려 준다.

앞서 금강승의 뿌리가 인도에서 비롯된 것임을 살펴보았으나, 이 불교의 형태가 완벽하게 이루어진 것은 티베트인들을 통해서였다. 티베트 불교는, 불교 전래 이전의 고유한 Bon이라는 원시종교와 습합된 형태의 특이한 불교 양태로 자리 잡았다. 이것은 전성기 시절의 불교와 다른 것이며, 인도에서 불교 왕국이 시들해지자 점차 북쪽으로 이동해 오면서 보존된 형태이다. 불교의 주요한 세 번째 흐름으로서 금강승의 진수를 다루게 될 불교, 즉 티베트 불교 핵심이 바로 탄트라이다.

탄트라 불교의 해석은 그리 단순하지 않다. 우선 중세기 힌두교에 보면 이는 두 가지 의미의 산스크리트어 어원을 가지고 있다. 그 중 하나는 '확장'이라는 의미이다. 탄트라란 그 안에 담겨 있는 심오하고 은밀한 여러 가지 본문을 주해하며, 힌두적 이해의 지평을 널리 확장 시킨다는 뜻을 담고 있다. 그러나 확장된 본문의 내용상으로 따져 볼 때, 우리는 탄트라의 두 번째 어원과 의미를 눈여겨보아야만 한다. 이 때의 탄트라는 직조 기술이라는 의미를 지니며 또는 상호 얽어매는 모습을 뜻한다. 그러므로 탄트라라 함은 사물의 상호 연관성에 초점 을 맞추는 본문들을 가리킨다.

티베트 사람들에 의하면, 탄트라 불교는 사람들로 하여금 짧은 일 생길에서 열반에 이르도록 이끄는 것이다. 즉 인간의 잠재되어 있는 모든 에너지를 한데 모으고, 이 힘을 알맞게 다스리는 가르침이기 때 문이다. 이는 강력한 육체적 힘을 포함하여 모든 에너지를 정신적 수 련을 위한 도구로 활용하게 된다. 서구에서 가장 관심을 두고 있는 에너지는 섹스이기에, 탄트라에 대한 이해가 상당수 이러한 측면의 제의로 인식되는 것이 놀라운 일은 아니다. 다만 세속과 거룩 사이의 양자택일이 아니라는 점에서, 대부분의 서구인들이 탄트라와 섹스를 자칫 혼동하는 것은 불행한 일이다. 이는 탄트라의 넓은 지평을 망각하는 것이고, 그 망각으로 인하여 종교적 가르침까지 그르치게 마련이다.

히브리 민족의 '아가서'로부터 그리스도와의 신비적 합일에 대한 성적인 상징에 이르기까지 모든 종교 전통에는 이러한 측면이 담겨 있다. 탄트라에서는 외면적이거나 내면적인 것의 구분이 없이, 실제로 성 자체를 정신적인 협력자로 삼고 있다. 탄트라에서의 성행위는, 무규범적인 상태에서가 아니라 스승의 엄격한 지도 아래서 절제된 영육의 합일이라는 의미를 지니고 진행된다. 이는 생애를 통해 이루어진 영적 훈련의 긴 연륜 속에서 최상의 축제 형식을 띤다. 이때 이루어지는 영적인 감정은, 초월적인 합일의 지각 상태 속에서 느끼는 황홀경과 자기초월의 세계 그리고 지극한 기쁨의 체험이다. 이런 수행의 궁극적 목표는 신령한 세계에 더 다가갈 수 있는 비이원적 체험을 지향하고 있다.[17]

오늘날 티베트 불교를 대표하는 이른바 달라이라마에는, 교황과는

---

17 티베트인들은 제의 중에 항상 움직이고 있다. 승려들은 땅에 부복하거나 각종 모양을 손으로 만들어 내기도 하고, 주문을 낭송하며, 성대 깊은 곳에서 소리를 내어 찬양하기도 한다. 시각적인 것과 청각적인 것이 어우러져 무언가가 진행되는 것이다. Mantra라는 것은 소음을 소리로 변화시켜 주며 쓸데없는 잡담을 신성한 형태로 바꾸어 주는 역할을 한다. Mudra라는 것은 양 손의 조화로운 동작으로 이루어지는 것인데, 판토마임이나 신령한 춤을 구성하고 있다. Mandalas라는 것은 시각적인 것으로 이것을 지닌 사람들은 그 형상대로 신묘한 아름다움이 드러난다고 말한다. H. Smith, 앞의 책, 198-9쪽 참조.

달리 교리를 제정하는 권한 등이 없다. 신격과 왕위를 결합시켜 놓은 듯한 권력들은, 자비와 사랑으로 규정된 천상의 원리가 지상에 구현된 존재를 뜻한다. 이 달라이라마는 일종의 보살 역할도 감당하는데, 지난 수세기 동안 티베트 전통 속에서 권력을 지닌 채 재탄생하며 화육되어 왔다고 말한다. 그러므로 일차적으로는 티베트와 관련되며 넓게는 모든 세계와 관련되어 있다. 달라이라마의 직책은 모든 일에 독자적인 영향력을 지닌 '현재하는 능력'으로 이해된다. 그러므로 이 달라이라마란 존재는 불교적 자비의 원리가 온 우주적 형태로 연계되는 통로이며, 이는 티베트의 모든 백성들뿐만 아니라 나아가 모든 생명체들에게까지 확장되는 무한한 꼭지점을 이룬다.

▌더 읽을거리

케네스 첸, 길희성, 윤영해 옮김, 『불교의 이해』, 분도출판사, 1994.
장원규, 『중국불교사』, 고려원, 1983.

제4장

한국의 불교 수용과 그 발전

세속에 시달려도 번뇌는 별빛이라

말씀이 육신이 되는 불국토

님의 침묵으로 고난을 다독거리며

산은 산이요, 물은 물이라

무엇보다도 극도로 복잡다단하게 전개되는 현대의 세계관과 물질문명에 휩쓸리면서 심각하게 대두된 지구적인 생태 위기에 직면하여서, 불교의 가르침을 이끌어 들여 의미 있는 길잡이로 내세우는 바는 커다란 영향력을 끼치고 있다. 급격한 산업화와 무분별한 개발로 인해 심각하게 다가온 지구적인 환경과 생태 문제는, 불교에서 말하는 만물의 상호 연관성에 대한 일깨움을 통하여 서로 어울려 살아 나가야 하는 삼라만상의 본질적인 의미를 새롭게 열어나가는 출구가 되어 주기 때문이다.

제4장 한국의 불교 수용과 그 발전

세속에 시달려도 번뇌는 별빛이라

고대 한반도에서 국가가 성립되는 시기를 살펴보면, 영역을 확보하기 위한 치열한 세력 다툼 속에서 통치력을 뒷받침하는 체제를 갖추는 일이 무엇보다도 중요한 요소로 나타난다. 이러한 가운데에 불교는 국가의 기틀을 갖추는 주요한 밑받침이 되었고, 삼국이 제대로 자리를 잡고 사상적으로도 통일을 이루는 데 주요한 철학과 세계관을 제공해 주었다. 일찍이 고구려는 372년경 중국의 전진으로부터 외교의 일환으로 승려인 순도가 입국하여 불교의 터전을 닦게 되었고, 백제 역시 비슷한 384년경 마라난타가 임금의 환대 속에 정착하였다.

특별히 백제의 경우는 불교문화가 뿌리를 깊이내리며 인도에까지 승려를 보내는 등 융성한 불교문화를 자랑하였을 뿐만 아니라, 이웃나라인 일본에까지 불교와 문화를 건네줄 정도로 활발한 모습을 보여주었다. 한편 신라의 경우에는 이웃나라들보다 1세기 뒤늦게 불교가 자리 잡았는데, 법흥왕(528) 때에 이르러 비로소 국가의 공식적인 후원을 받기에 이르렀다. 이후 삼국은 공히 불교문화를 꽃피웠을 뿐만 아니라, 여러 승려들을 통해 불교문화와 사상이 이웃나라들과 여러 분야에서 영향을 주고받으며 동아시아 문화 형성에 이바지하였다.

7세기에 들어서 특이할 만한 사실은, 삼국 중 가장 늦게 불교를 받아들인 신라가 나름대로 불교를 가장 독특한 모습으로 발전시켰다는 점이다. 대표적인 예가 바로 원광법사의 세속오계에서 나타난다. 당시 진평왕을 도와 나라의 주요한 일을 맡아보았던 원광은, 불교의 가르침과는 상당히 거리가 있는 세속오계世俗五戒와 같은 가르침을 통하여 나름대로 현실성 있게 불교의 대중화를 도모하였다. 이는 불교가 유교의 가르침이나 전통사상과 어우러지면서 신라에 뿌리내리게 된 주요한 원인이 되었다. 실제로 이러한 가르침을 받은 화랑들은, 현실 세계에서 강력한 힘을 보여주었고 삼국의 세력 판도를 바꾸어 놓은 주역이 되었다.

이러한 전통 위에서 당시 동아시아의 불교 이해의 수준을 한층 더 발전시킨 위대한 인물은 원효(617-686)이다. 그는 당시 유행했던 중국이나 인도에서의 수련 단계를 거치지 않은 까닭에 매우 독창적인 불교 사상을 이루어 놓았다. 그는 『십문화쟁론十門和諍論』 등을 통해 법화경과 열반경 그리고 금강경을 풀이하면서 해박한 불교 사상을 보여주었고, 대승불교의 기초가 되는 대승기신론에 대한 주석을 통해 동아시아 불교 이해의 교과서를 마련하였다. 그는 정통 불교 사상에서 벗어나지도 않았지만, 불교를 지식층에 가두어 놓기보다는 대중들에게 폭넓게 다가가서 일상의 신앙 세계를 열어 주기에 진력하였다.

실제로 그의 저서는, 한반도뿐만 아니라 중국과 일본 등 동아시아

에서 대승불교의 진수를 이해하기 위한 교과서로 폭넓게 사용되었
다. 또한 중국에서 나름대로 토착화된 불교 전통으로 자리 잡은 선불
교의 많은 인물들이, 대승불교의 큰 틀 아래 원효의 불교 이해와 맥
이 닿아 있는 것을 볼 수가 있다.[18] 이는 선불교의 형성에 있어 커다
란 영향을 주었던 격의불교 양식이 난해한 불경 번역의 어려움을 넘
어서 가르침의 본뜻을 헤아리는 방편이었다는 점에서, 원효의 불교
이해와 같은 삶의 자리를 보여준다.

말씀이 육신이 되는 불국토

신라에서 고려로 넘어오는 사회 격변기에 있어 등장하는 주요한
정치적 인물들은, 한결같이 불교 신앙을 기반으로 하여 나름대로의
정치적 세력을 넓혀 나갔다. 그 중에서도 궁예 같은 경우는 스스로
미륵의 현신이라 일컬을 정도로 불교 신앙에 깊이 뿌리하고 있었다.
까닭에 새로운 왕국인 고려에서 불교의 위치는 국가 종교로서의 면
모에 손색이 없다. 외형적으로 팔관회나 연등회 같은 불교 의식 등은,
사실상 내면적으로는 국가적인 제의의 한 축으로서 또한 대중적인
축제 양식을 폭넓게 받아들이면서 문화적 형태로 자리 잡았다.

---

18 대표적인 경우로 중국 화엄종의 대가인 法藏을 들 수가 있다.

그러나 이 시기의 불교에 있어서 가장 주목해야 할 부분은, 바로 내면적인 형태로서 소화되었던 불교문화 현상이다. 우선 한국의 고대 역사의 속내를 살피는데 있어 시금석이 되는 『삼국유사』의 형성이 바로 불교의 일연으로부터 비롯되었다는 사실은 빼놓을 수 없다. 또한 온 국토가 전란의 소용돌이에 휩싸여 있던 어려운 살림살이에서도 말씀으로 새롭게 나라와 민족을 추스리려는 마음을 담아 팔만 장이 넘는 경판으로 경전을 집대성하는 고려대장경을 완성하였고, 이러한 신앙으로 인해 세계 불교 경전의 역사에서 뛰어난 발자국을 남겼다. 특히 공민왕 때 간행된 세계 최고의 금속활자본인 소위 『직지심체요절』(1377)은 구텐베르크의 금속활자보다 78년이 앞서는 세계적인 유물로 병인양요 때 약탈당해 현재 프랑스 국립도서관에 소장된 세계기록유산이다.

이 밖에도 여러 뛰어난 인물들이 배출되어 한국 불교의 독자적인 성격을 이루는데 이바지하였다. 특히 왕족 출신이었던 대각국사 의천(1055-1101)은 천태종의 가르침을 널리 퍼뜨려 교종의 중심을 이루었다. 또한 이전까지의 한반도에 들어온 불교 사상을 나름대로 소화하여 펼쳐낸 지눌(知訥;1158-1210)은, 돈오점수頓悟漸修라는 가르침을 통해 나뉘어 있던 교종과 선종의 가르침을 종합적으로 정리하여 한국 불교 사상의 기틀을 마련하기에 이르렀다. 소위 정혜결사로 이어졌던 지눌의 이러한 가르침은 고려왕조에서 15명의 국사를 배출하며 고려 불교의 큰 흐름을 이끌었다.19

반면 정토종을 줄기 삼아 대승불교의 흐름을 주도하였던 백련결사 운동은, 특정한 엘리트 계층에 제한된 신앙 운동을 벗어나 소박한 대중들의 종교적 소망과 신앙 운동을 묶어 내는 흐름을 보여준다. 고려 불교에서 여덟 명의 국사를 배출하기도 했던 이 대중 불교 운동은 고려 불교의 또 다른 기둥으로서 어려운 시대를 버티어 가는 민중들의 터전으로 자리 잡았다.

일찍이 신라 불교에서 원광의 세속오계世俗五戒와 같은 형태의 독특한 가르침이 대중 속에 자리 잡았던 바에서 보다시피, 일반적으로 고려시대의 호국불교 역시 나라가 주변의 강대한 세력에 의해 흔들릴 때마다 주춧돌 역할을 감당하면서 시대정신으로 의미 있게 자리 잡았다. 까닭에 몽고의 침입으로 인해 나라가 송두리째 뒤집히는 상황에서 등장한 김윤후 등과 같은 승려군의 역할은, 결정적으로 한국의 불교와 민족의 자주성을 보여주는 주요한 계기를 이루었다.

님의 침묵으로 고난을 다독거리며

조선이 새로이 건국되면서 불교는 심각한 기로에 서게 되었다. 당

---

17 차성환, 『한국종교사상의 사회학적 이해』, 문학과지성사, 1992, 134-36쪽 참조.

시 유교적 신진 사대부를 중심으로 하는 건국 세력들은, 여러 가지 측면에서 불교의 폐단을 지적하며 사상과 제도적인 측면에서 불교를 제약하였다. 이에 따라 불교 사원이 거느리고 있던 수많은 노비들과 방대한 토지들은 국가에 의해 몰수당하였고, 승려의 신분이 천민계급으로 떨어지면서 나라의 수도에 출입조차 금지당하는 어려움을 겪기에 이르렀다.

공식적으로 존재하던 왕사나 국사 제도가 폐지되고 승려가 되는 길을 제도적으로 엄격하게 제한하는 모습 등은, 당시 불교가 겪었던 어려움을 그대로 보여주고 있다. 그럼에도 불교는 왕족 가까이에서 늘 정신적인 지주로 자리하고 있었다. 게다가 한글이 창제되면서『월인천강지곡』이나 각종 불교의 가르침들이 한글로 풀어져 나온 것으로 보아, 일반 대중에게는 불교가 여전히 깊은 영향력을 미치고 있었던 것으로 보인다. 또한 <영산회상>과 같은 불교 음악이 등장하는 사실은 당대에 폭넓게 불교문화가 뿌리내리고 있었음을 일깨워 준다.

특별히 조선시대에 들어서 대륙과 일본으로부터의 침탈로 인해 전쟁이 끊이지 않았을 때 승려 집단으로 이루어진 군사 조직이 나라를 지켰다는 사실은, 나름대로 한반도에서의 불교에 대한 깊이 있는 관찰을 요구한다. 실제로 이 시기에 사명당 등이 일본과의 전쟁 처리를 위해 외교관으로 활약하는 모습은, 조선시대에도 여전히 불교 세력이 나름대로 일정한 영향력을 행사하고 있었음을 보여준다. 게다가 사회의 모순에 의해 촉발된 여러 민란에 있어, 불교의 미륵신앙 등이 정신적으로나 현실적으로 의미 있는 밑거름이 되었던 사실도 눈여겨볼 필요가 있다.

조선 말기와 일제 식민통치가 시작되는 시기에 이르러 불교의 움직임이 무력해져 갈 때, 불교계에서 새벽별처럼 떠오른 인물은 단연 만해 한용운(1879-1944)이다. 그는 당시 한반도에 자리를 잡게 된 개신교 세력 및 민족의식에 기반을 두고 새로이 일어난 동학의 지도자들과 어깨를 나란히 하면서, 시대 정신에 뒤지지 않는 불교의 새로운 부활을 이끌어나갔다. 수십 년간의 질기디질긴 외세 통치 하에서 3·1운동의 기둥이었던 지도자들이 하나 둘 아쉽게도 식민 세력에 발걸음을 돌릴 때에도, 만해는 묵묵히 들어앉아 민족의 숨결을 다독거리면서 새로운 시대의 불교를 열어가는 빛을 보여주었다.

산은 산이요, 물은 물이라

오늘날 현대 불교의 삶과 자리는, 일제시대를 거치면서 불교의 구성과 체제에 있어서 여러 가지 변화를 가져오게 되었다. 일정 부분 일본 불교의 영향을 받은 까닭도 있거니와, 전통적인 불교의 가르침이나 형태뿐만 아니라 급격한 사회 변화를 반영하여 보다 현대화된 양식으로 의미 있게 불교의 가르침을 펼쳐 나가는 여러 가지 흐름들이 생겨났기 때문이다. 까닭에 조계종 이 외에도 다양한 불교의 가르침과 제도를 오늘날에 걸맞게 모색하고 있는 물줄기들이 자리 잡게 되었다.

특별히 언급할 만한 형태는 원불교의 경우로서, 이는 불교에 뿌리를 두고 있으면서도 오늘날 다양한 사조들을 두루 아우르는 형태의 가르침들이 많은 이들의 발걸음을 이끌게 되었다. 이에 따라 전통적인 형태의 불교에서도 체제와 형식에 변화를 주며 적응하려는 모습을 보여주고 있다. 일반적으로 속세와 어느 정도 거리감이 있던 불교의 성격에서 벗어나 일반 대중의 삶에로 가까이 다가서려는 생활 신앙의 형태를 갖추게 된 것이 눈에 띄는 변화이다.

무엇보다도 극도로 복잡다단하게 전개되는 현대의 세계관과 물질문명에 휩쓸리면서 심각하게 대두된 지구적인 생태 위기에 직면하여서, 불교의 가르침을 이끌어 들여 의미 있는 길잡이로 내세우는 바는 커다란 영향력을 끼치고 있다. 급격한 산업화와 무분별한 개발로 인해 심각하게 다가온 지구적인 환경과 생태 문제는, 불교에서 말하는 만물의 상호 연관성에 대한 일깨움을 통하여 서로 어울려 살아 나가야 하는 삼라만상의 본질적인 의미를 새롭게 열어나가는 출구가 되어주기 때문이다.

특별히 학문의 세계에서도 막막하기 그지없는 현대 물리학의 다양한 이해 속에서, 불교에서 가르치는 세계관에 비추어 미래를 바라보려는 여러 가지 움직임이 나타나고 있다. 종교라는 것이 궁극적인 인간의 관심사와 씨름한다는 점에서, 인간이 마주하고 있는 우주와 세계의 수수께끼를 풀어나가려는 현대 물리학의 세계관과 만날 수밖에 없는 것은 지극히 당연하다고 볼 수 있다. 그러므로 어지러이 춤추고 있는 가치관과 세계관의 혼란 속에서 "산은 산이고, 물은 물이다"라는 한마디 가르침이 많은 이들에게 길잡이가 되고 있는지도 모른다.

▌더 읽을거리

J.H.그레이슨, 『한국종교사』, 민족사, 1995.

차성환, 『한국종교사상의 사회학적 이해』, 문학과지성사, 1992.

최준식, 『한국종교이야기』, 한울, 1995.

제5장

유교의 형성과 전개

보통사람이었던 성인

가장 뛰어났던 스승과 기리는 이들

씨름하는 선구자들 | 공자는 어떤 길을 택했나

옛 것을 어떻게 되새길 것인가

예禮: 하늘의 뜻을 이루는 어울림

윤리인가, 종교인가 | 방외지사方外之士의 세계

변화하는 사회와 넓어지는 세계관

새로운 사회와 펼쳐지는 신유교

일찍이 B.C. 130년경 중국 대륙에서 유교의 경전이 정부 관리의 교육을 위한 기본 교재로 채택된 이래로, 이러한 형태는 근세에 이르러 제국이 붕괴되기까지 끊임없이 유지되었다. A.D. 59년경에는 모든 서당에서 공자를 기리는 제사가 제정되었으며, 7, 8세기에 이르러서는 공자와 제자들을 모시는 사당이 제국의 모든 지방 도시마다 건립되었다. 과거제와 같은 공직 선발 제도는 일찍부터 자리 잡고 있었으며, 이를 통해 유교적 세계관을 체득하는 것은 필수적이었다. 10세기 후반부터 13세기 후반에 이르러 이러한 제도가 완성되었으며, 이는 금세기 초까지 그 흔적이 남아 있었다.

보통사람이었던 성인

공자는 B.C. 551년경 오늘날 산동지방에 해당하는 노나라에서 출생하였다. 공자가 어린 시절 아버지를 여의면서 자애로운 모친이 양육을 도맡았고, 까닭에 살림살이는 매우 궁핍할 수밖에 없었다. 경제적인 이유로 그는 남의 집 머슴 일을 하면서 살아 나가야만 했다. 이런 경험과 이력들은 평민들과의 끈끈한 삶을 이어 주었으며, 훗날 대중적이고도 민주적 성향의 근거를 이루게 된다. 가끔 그가 자라나던 시절의 사냥이나 낚시, 활쏘기 같은 것에 대한 추억을 떠올리기도 하지만, 무엇보다도 공자는 책벌레였으며 일찍부터 학업에 몰두하고 있었음이 드러난다. 20대 초반에 소소한 정부 관리직을 맡아보면서 그리 만족스럽지 못한 결혼 생활을 보내던 공자는, 결국 교사로서 자신의 진가를 드러내기 시작했다.

그의 인간적 성품과 지혜에 대한 명성이 자자해지자 열성적인 제자들이 그를 추종하기에 이르렀다. "인류의 역사 이래로 우리 스승과 같은 인물이 없었다"고 내세우던 제자들의 확신에도 불구하고, 공자가 품었던 포부에 비춰볼 때 그의 경력은 실패와 역경으로 점철되어 있었다. 그가 바라던 바는 공직이었다. 그러기에 자신에게 기회가 주어진다면 사회를 바꾸어놓을 수 있다는 분명한 확신이 있었다. 어느 군주가 50대 초반의 공자에게 5년간 중직을 맡기게 되었을 때, 그는 내무장관과 법무장관 그리고 재상에 이르기까지 뛰어난 통치로 이상적인 체제를 만들어 내었다고 한다.

"50에 이르러 하늘의 뜻을 알았다"라는 소명과 같은 깨달음을 얻은 공자는, 그 후 13년간을 깊이 숙고하는 가운데 많은 어려움을 견디며 천하를 두루 돌아다녔다. 이곳 저곳의 통치자들에게 달갑지 못한 눈총을 받으면서 지혜로운 통치법을 일러주기도 하고, 자신의 원대한 포부를 실현해 볼 기회를 구하였다. 그러나 기회는 끝내 오지 않았다. 한때 공직에 초빙 받은 적이 있었지만, 그를 초청한 통치자가 윗사람을 거스르고 반란을 일으킨 장본인임을 알고서 사양하여 정략에 이용되는 것을 거부하기도 했다.

그가 돌아다니며 머무른 나라의 군주들은, 대부분 백성들을 위한 평화와 안위에 대한 그의 조언을 귀담아 듣지 않았다. 그러자 은둔자들과 수도사들은, 사회 개혁에 대한 그의 노력을 조롱하였고 사회를 구원해내기보다는 사회 병리를 막을 수 있는 자신들의 방법론을 내세울 뿐이었다. 심지어는 세간의 농민들까지도 "성공하지 못할 줄 알면서도 헛되이 애쓰는 사람"이라고 비난하기에 이르렀다. 일단의 신실한 제자들만이 그의 주위에서 온갖 수모와 절망 그리고 굶주림을 묵묵히 감당해 내었을 뿐이었다. 말년에 이르러 그는 조용히 후진을

양성하고 중국의 고전을 편집하는 것으로 시간을 보내다가 B.C. 479
년경 73세의 나이로 운명하였다.

가장 뛰어났던 스승과 기리는 이들

정치적으로는 실패한 셈이었지만, 공자는 의심의 여지 없이 세계
의 위대한 스승 중 한 분으로 꼽히고 있다. 역사와 문예에 능통하며,
행정과 예절에 밝았고, 수학, 음악, 예언, 예술에까지 통달하였기에
소크라테스의 경우처럼 박학다식한 인물이었다. 그의 교육 방법 역
시 소크라테스와 유사하였다. 늘 형식에 매이지 않고 가르침을 주곤
하였는데, 대개는 고전을 인용하거나 물음을 던지면서 문제점에 대
해 대화하는 형식을 취하였다. 그는 일순간이라도 스스로를 성인 취
급한 때가 없었건만,[20] 지식의 분량으로서가 아니라 온후한 품성으로
성인의 존경을 받았다. 또한 그의 제자들에게는 온전한 경지에까지
이르기 위해 진력하는 동반자일 뿐만 아니라 이미 그 경지에 다다른
겸양의 표본이 되었다.

공자는 자신이 진력했던 바의 중요성에 입각하여 결코 타협하는

---

20 "나 자신을 어찌 성인이나 군자에 비하겠는가. 다만 게으르지 않고 끊임없
이 노력하는 것뿐이다." 『논어』, 述而 33.

일이 없었다. 그러므로 자신의 제자들에게 더 큰 기대를 가졌는데, 이들이 전체적인 사회 질서를 개선해 나갈 수 있는 잠재력을 보았기 때문이었다. 이러한 확신은 그로 하여금 정열적인 자세를 갖게 하였으며 동시에 균형과 여유를 아울러 지닐 수 있게 해 주었다. 자신 있게 처신하였지만 또한 항상 오류의 가능성도 잊지 않았으며, 실제로 그런 실수가 때때로 일어나기도 하였다.

그에게는 피안적 세계관이 없었다. 백성들과 어울리기를 좋아하여 함께 먹고 마시며 노래를 부르기도 하였고, 그 정도 또한 여느 사람들처럼 다를 바가 없었다. 그는 언제나 고압적인 당대의 권세가들에 대항하여 평민들의 권익을 위해 진력했다. 개인적인 친분 관계를 떠나 패거리 짓기를 거부했으며, 빈궁한 학생들에게는 아무런 대가 없이 차별을 두지 않고 가르치는 모습을 보여주었다. 그가 권세가들과 타협하고자 했다면 충분히 부와 권세를 휘어잡을 수 있었지만, 그는 성실함을 잃지 않았고 또한 이런 삶에 대해 후회하지 않았다.

세상을 떠나자마자 비로소 그는 주목받기 시작하였다. 주로 그 제자들에 의해 드러나게 되었는데, 오래지 않아 그는 동아시아 역사에 있어 '만대에 비길 스승이며 모범'으로 간주되었다. 금세기에 이르기까지 2천년 동안 유교권에 속해 있는 학생들은, 공자의 말을 수십 번 되뇌이면서 이를 통해 심성을 다스리고 격언을 통해 진리를 깨우쳐 왔다. 또한 일찍부터 동아시아 일대의 고위 관리를 비롯한 정부 공직자들은 유교 고전을 익히지 않고서는 자리에 오를 수 없었다. 게다가 비공식적이긴 했어도 그를 신의 자리에 올려놓으려던 시도들조차 여러 번 되풀이되었다.

오늘날 공산주의 노선을 내세우고 있는 현대 중국 정부에서조차도, 공자는 전 세계에 자국을 소개하기 위한 주요한 정책적 수단이 되었다. 몇 십 년 전만 해도 그들은 야만적이고 열광적으로 공자상을 파괴하고 유적을 말살하거나 훼손하였다. 그러나 이제는 자신들의 세금을 털어 세계 곳곳에 인민민주주의 정부의 상징으로서 '공자학원'을 세우는 데 열을 올리고 있다. 일찍이 세계 인구의 4분의 1을 장악하고 있었던 이러한 유교의 값어치를 알아차린 것은, 오히려 대나무 울타리 밖에 있던 외부인들이었다. 값비싼 진주를 내동댕이치고 천둥벌거숭이처럼 날뛰던 인민주의자들은, 이제 허둥지둥 주머니를 털어 무너진 공자의 옛 상을 단장하며 사당을 수리하였고 심지어 한반도의 유교 전통까지 곁눈질하면서 되익히기에 이르렀다.

씨름하는 선구자들

공자가 보여준 영향력과 잠재력을 규명하기 위해서는, 먼저 그가 직면했던 무정부적 사회 현상의 제반 문제를 살펴보아야 한다. 고대 중국은, 역사적으로 B.C. 8세기 이후부터 주周나라 통치가 와해되면서 커다란 변화가 일어났다. 각 제후들은 대륙을 나누어 차지하면서 마치 사사시대의 팔레스티나 같은 모습을 보여준다. 그리고 공자가 살던 무렵에 이르면, 지루한 전쟁은 점차 걷잡을 수 없는 공포 상황으로 빠져들어 갔다. 돌발적 전쟁이나 갑작스러운 약탈 등이 삶을 위협하였고, 정복자들은 대량으로 학살을 서슴지 않았다. 여자들과 어린이와 노인들같이 전쟁과 무관한 이들도 살육당하는 불행이 되풀이되었다.

이러한 시대에, 사람이 어떻게 해야 스스로 파멸의 구렁텅이를 파는 행태에서 벗어날 수 있는가를 씨름하는 일은 매우 중요하다. 대답은 모두 각각이겠지만, 물음은 언제나 동일한 법이다. 점증하는 파괴적 무기들의 개발과 양산으로 말미암아 최첨단의 과학 문명을 자랑하는 오늘날에도, 이러한 물음이 해결되기는커녕 촌각을 다투는 급박한 숙제가 되었다. 그러기에 수천 년을 이어온 유교 전통은, 여전히 이 사회공동체의 보존과 결속 그리고 갈등을 풀어나가는 열쇠가 되고 있다.

공자 당시의 사회는 급격한 변동으로 새로운 시대에 들어서고 있었는데, 문자 그대로 백가쟁명의 시대였다고 말할 수 있다. 집단의식보다는 개인 의식을 지녔던 이들은, 스스로를 집단적 인격으로 취급하는 데서 벗어나 개체 인격으로 사고하기 시작했다. 이성이 사회적 관습을 대치하게 되고, 집단의 기대를 넘어서서 개체의 이익을 고려하기 시작한 것이다. 아득한 시대로부터 조상들에게 물려받은 것을 관습대로 되풀이하는 것이 더 이상 개인이 추종해야 할 충분한 근거가 될 수 없는 세계가 되었다. 과거 사회를 지탱해 온 접착제는 삭아 버려 떨어져 나갔다. '전통의 떡'에서 빠져나오게 된 사람들은, 이를 다시 반죽하기보다는 길거리에 내던져 버렸다.

전통이라는 것으로 더 이상 사회 공동체를 유지해 나갈 수 없는 지경에 이르면, 인간의 삶은 으레 중대한 위기를 겪게 마련이다. 이런 가운데 인간 이해의 형태 중 눈길을 끄는 것은 법가法家라고 불리는 일련의 현실주의자들이다. 이들이 말하는 사회 체제는 주로 '형벌과 보상'이라는 구조로 이루어져 있다. 명령하는 바를 준행하는 자들은 이에 상당하는 보상을 받게 되고, 그렇지 못한 자들은 처벌을 받는다. 이러한 현실주의자의 대표적인 인물이었던 한비자에 의하면, 보상의 목적은 격려하는 것이고 징벌의 목적은 예방이다. 그러므로 보상이 후하면 통치자의 의도가 널리 전파되고, 징계가 무거우면 통치자의 원치 않는 바를 신속하게 예방할 수 있다고 본다.

이러한 정치 철학을 담고 있는 인간 이해 방식은 일차원적인 것에 가깝다. 이 주장에 의하면, 저열한 충동이 고상한 인간에게까지 만연되어 있다고 말한다. 천성적으로 인간은 게으르고 탐욕스러우며 질투로 가득 차 있다. 까닭에 나무들이 악조건에서 곧게 자란다는 이해를 바탕으로 엄격한 법적 통제의 사회를 도모할 때 비로소 선이 자리 잡게 되는 법이다. 인간의 본성에 대한 현실주의자들의 두 번째 논리 역시도 인간을 근시안적 존재로 바라보는 것이다. 인간이란 미래를 위해 필수적인 현재의 희생을 자발적으로 받아들일 수 없는 존재이기에, 순간적인 만족을 추구하는 한 결과적으로 고통의 희생자가 된다. 하지만 현재의 고통스러운 것을 감내하면, 결국에는 자신이 바라던 결과를 얻는다는 말이다.

이렇듯 인간성에 대해 일반적으로 낮은 평가를 내리고 있는 현실주의자들과는 달리 얼음과 불처럼 정반대의 사회철학도 함께 존재하고 있었다. 대표적인 인물이었던 묵자의 이름을 따라 묵가墨家라고 불리던 이 무리들은, 중국 사회의 문제점을 해결함에 있어서 권력이 아닌 사랑(兼愛)을 내세웠다. 모름지기 천하의 모든 백성을 내 백성처럼 여겨야 하고, 다른 나라 사람들도 내 나라 사람처럼 생각해야 한다는 것이었다. 묵자는, 이러한 주장이 감상적이고 실용적이 못 된다고 하는 세간의 반론을 일축해 버린다. 뒤집어보면 이렇듯 철두철미했던 묵자의 배후에는 최고의 통치자인 상제에 대한 믿음이 기초되어 있다.21

---

21 "모든 이를 진심으로 사랑하고, 해와 달과 별을 지으시며, 눈과 비와 서리와 이슬을 만드시고, 언덕과 강, 골짜기와 계곡을 이루시고, 군주와 제후를 세워 착한 이를 상주시며, 악한 이를 징계하게 하셨다. 하늘은 이 모든 세상을 골고루 사랑하시며, 인간의 선을 위해서 만물을 예비하셨다". Yi-pao Mei, "*Motse, the Neglected Rival of Confucius*", 1929. Reprint. Westport,CT: Hyperion Press, 1973, p.89, 145. ; H. Smith, 앞의 책, 227-8쪽 참조.

공자는 어떤 길을 택했나

사회의 결속력에 관한 문제를 다룸에 있어 공자는 양 극단의 방법론 중 어떤 것도 합당한 것으로 받아들이지 않았다. 현실주의자들이 말하는 권력에 의한 해결책이라는 것은, 공자에게 있어 매우 낯설었을 뿐만 아니라 겉치레에 불과한 것이었다. 법이나 권위에 의지하여 사람들의 행위를 통제할 수 있겠지만, 그럴수록 사람들의 내면에 진실하게 다가갈 수 있는 길은 멀어지게 마련이다. 법이나 권력으로는 어찌 할 수 없는 것들, 즉 의무감과 동기 유발을 가능케 하는 그 무엇인가의 세계를 찾아 나섰던 것이다.

묵가에서 말하는 무제한적 사랑의 견해에 대해서도 공자는 분명하게 선을 그었다. 앞서 현실주의자들에 대한 비판에서 보이는 것과는 정반대의 논리이다. 묵가는 너무 비현실적인 세계를 그리고 있었기 때문이다. 물론 묵가가 말하는 사랑이라는 것은 인생에 있어 중요한 의미를 지니는 것이다. 공자 역시 이를 역설하는 바이다. 그러나 이것은 사회적 구조나 집단적 정서에 걸맞게 이해되어야 한다. 무작정 사랑만을 되뇌는 것은 대안 없는 메아리에 불과할 뿐이다. 이러한 논리를 따라가다 보면, 현실주의자나 묵가의 사상이 모두 극단적 측면에서 인간 이해의 끈을 놓치고 말았다는 공자의 해석학적 자리와 만나게 된다.

정리해 보면 법가를 중심한 현실주의자들은, 그들이 내세우고 있는 법과 권력을 통해서 나라의 평화와 안정을 도모할 수 있다고 생각한다. 박애주의자에 가까운 묵가들은 이와는 정반대로, 개개인의 무제약적인 실천을 통해서 이루어지는 세계를 그리고 있다. 이러한 가운데 공자와 그 계승자였던 맹자는 모두 같은 논리로 현실주의자들의 패도 논리를 왕도의 세계로 넓혀나갔다. 아울러 "모두를 똑같이 사랑하라"는 묵가의 외침 또한 자신과 가까운 가족들에게 지니는 사랑을 품지 못한다면 보편적 사랑이란 외침 역시 울리는 꽹과리와 같다고 보았다.

이러한 흐름에서 볼 때, 공자는 전통에 매우 집착해 있었던 것으로 여겨진다. 이는 전통이란 것을 해석학에서의 주요한 구성인자로 보았기 때문이다. 그러기에 그는, 전통이라는 것이 과거 중국의 전설적인 황금시대에 이룩되었던 모습을 당대에 재현할 수 있는 잠재적 통로라고 생각하였다. 전통을 깊이 되새김으로써 당시 혼란한 시대를 구원할 수 있다고 보았던 셈이다. 그렇다고 해서 공자가 과거에 대한 집착이나 숭배감에 사로잡힌 문화적 골동주의자였던 것은 아니다. 그는 막연히 과거로 돌아가자는 식의 움직임을 넘어서고 있었다. 언제나 고전을 의지하였지만 모든 경우를 해석하고 변형시키며 재구성해 내었기 때문이다.

이렇듯 심사숙고된 전통으로의 변화는, 전통적 영향력을 긴밀하게 유지하는 것과 전통을 넘어서 앞으로 이루어야 할 것을 바라보는 과정으로 이어진다. 사람들은 우선 자신의 집단적 안녕에 있어 중요한 것을 찾게 마련인데, 어쨌든 간에 집단이 존경하는 지도자들의 가치를 형성해 가는 것이 보통이다. 추종자들은 그들이 존경하는 지도자들로부터 지시를 받으면서 그 가치를 존경하게 되고 이를 더욱 고무하게 된다. 이는 마치 끈끈한 습관처럼 일련의 가치관이 전체 집단에 독특하게 스며들게 하는 형태이다. 공자는 이렇듯 사람들을 보듬어 안으면서 손쉽게 사회화될 수 있는 제2의 천성을 지닐 수 있도록 이끌었다.

옛 것을 어떻게 되새길 것인가

숙고된 전통들은 자생적 전통과는 판이하게 나타난다. 먼저 요구되는 것은 이 전통의 영향력을 유지하는 것이다. 이는 공동체를 야금야금 갉아먹는 이기주의의 물결에 대처하기 위한 것이다. 공자는 이 점이 바로 넓은 의미에서 교육의 주요한 과제라고 보았다. 아울러 교육의 내용에 관심을 기울이는 것도 필요하다. 이러한 과정에서 널리 진작되어야 할 사회적 삶의 바탕은 다음과 같은 핵심 용어에 담겨 있다.

인仁; 인이라 함은 문자적으로 볼 때, 인간이라는 말과 둘이라는 뜻의 낱말이 결합한 것으로 서로 간에 지켜야 할 이상적인 관계를 표현한다. 선함, 대인관계에서의 인간다움, 덕스러움, 자비 등으로 다양하게 번역되지만, 가장 적절한 것은 따뜻하게 감싸고 돌보는 마음이다.

넓은 아량과 신실함 그리고 자비 등으로 풀이되는 인에는 인간을 만물의 영장으로 만드는 완전과 성화의 요소가 담겨 있다.

군자君子; 인이라는 것이 인간 존재와의 사이에서 이상적인 관계 개념을 말하는 것이라면, 군자라 함은 그 속에서의 이상적인 조건을 지칭한다. 그리고 인의 관계에서 이루어지는 최상의 인간이나 바람직한 인간상을 말한다. 대비되는 개념으로는 사사로운 욕심에 얽매이거나 편협한 사람을 가리키는 소인을 들 수 있다. 가장 완벽하고 이상적인 군자는 온 우주를 집안같이 여기기에, 손님을 맞이하는 이상적인 집주인의 품성을 지니고 있다.

덕德; 공자가 특별히 강조했던 개념은 바로 덕의 문제였다. 문자적으로 볼 때, 이 말은 다스림에 관련된 힘을 말한다. 앞서 보았듯이 공자는 물리적인 힘만이 실제적 통치력이라고 여겼던 현실주의자들의 주장을 거부했는데, 그의 판단이 옳았다는 것은 역사적으로도 밝혀졌다. 현실주의자들의 노선에 기초하여 형성되었던 진秦나라는 일약 흥기하여 천하를 통일하고 훗날 중국(China)이라는 이름의 기원이 되지만 이내 스러지고 말았기 때문이다.

공자가 주장하는 바에 의하면, 어느 나라도 백성을 강압적으로 통치할 수 없으며 오히려 통치 의지를 수용하려는 바탕 위에서 통치에 대한 신뢰감이 형성되어야 한다. 정부를 구성하는 세 가지 요소, 즉 경제적 자립과 군사적 자립 그리고 백성의 신망 등에 견주어 볼 때, 공자는 백성들의 신뢰를 제일로 간주했음을 알 수 있다. 그러므로 진정한 덕이라는 것은 도덕적 모범의 힘이다. 군주가 간교하다거나 경솔하면 그 나라는 가망이 없다. 그러나 군주가 내면적인 성숙함과 통치력을 갖춘 존경받는 임금이라면, 그런 군주에게는 뛰어난 신하들이 모여들고 백성의 안녕을 위해 온전히 헌신하기 때문에 모든 백성들을 깨우치는 데에 이르는 것이다.

문文; 유교적 틀에서 말하는 문의 의미는 다분히 '투쟁의 예술'과는 대조되는 '평화의 예술'이란 뜻을 담고 있다. 공자는 이러한 예술을 지극히 사랑하였기에, 단순한 가락에 심취하여 3개월 동안 침식을 잊을 정도였다. 그러나 그가 예술을 위한 예술에 집착한 것은 아니었다. 그가 관심한 것은 인간의 심성을 덕스럽게 만들어 주는 능력에 관한 것으로, 이는 타인에 대한 깊은 배려를 담고 있다. 그기에 공자의 문에 대한 이해에는 모름지기 정치적 차원이 뒤따르게 된다. 현실주의자들은 물리적 힘에 의한 방법을 내세우지만, 종국적인 승리는 최고도의 문을 이루고 문화를 진작시킨 나라가 차지한다는 것을 일깨운다.

예禮: 하늘의 뜻을 이루는 어울림

유교 전통에서 예라는 것은 다양한 사회 구조에 대한 이해를 반영한다. 공자는 모두가 바라보아 기억하고 따를 수 있도록 역사가 보여준 바람직한 모델을 내세우고자 하였다. 특별히 공자가 관심을 기울였던 정명正名이나 오륜五倫 및 가정과 각 연령 계층에 대한 교훈을 살펴보면 대략 그 얼개가 드러난다. 이러한 이해들 속에는 언어와 사상 그리고 객관적 실재와의 관계를 연구하는 어의학(semantics)이 중심 문제를 이루고 있다.

모든 인간의 사고는 언어를 통해 이루어지는 바, 만일 언어가 일그러지게 되면, 사유 역시 올바로 진행될 수 없다. 군주는 군주답게, 아비는 아비답게 되어야 한다는 말에서 공자가 의도하였던 바는, 언어 사용에 있어서 그 의미를 정확히 익히고 삶에서 소화해 내는 것의 중요성이다. '정명'이라는 것은, 규정적인 어의론의 세계를 다루는 것이다. 삶이 올바르게 자리 잡고 있을 때, 언어 역시 담지해 내야만 할 바가 제대로 알려지고 새로운 창조의 세계가 열리게 된다.

중용이라는 것 역시 유교 경전의 중심 주제이다. 이 말은, 문자적으로 '가운데' 를 의미하는 말과 '일정함'이라는 낱말이 결합된 것이다. 그러므로 이 중용이라는 것은 극단적인 상황 속에서도 흔들림 없이 중심을 지니는 자세이다. 이는 지나친 남용이나 방종에 대해 분별 있는 감각을 갖게 하고, 타락에의 위험을 뿌리 뽑는다. 이러한 중용은 화해를 가져오고, 겸양의 자세를 갖게 해 준다.

이 밖에도 유교적 사회 구조에 있어서 삶을 구성하는 다섯 가지 주요한 관계가 있다. 부모와 자식, 남편과 부인, 어른과 젊은이, 선배와 후배, 통치자와 신하 사이의 관계가 그것이다. 부모는 자애스러워야 하고, 자녀는 그들을 존경해야 한다. 윗사람은 품위가 있어야 하고 아랫사람은 우러러 볼 줄 알아야 한다. 통치자는 덕스러워야 하고 신하는 충성스러워야 한다. 공자는 사람의 삶에 있어 독자적 형태란 없다고 보았다. 모든 행위는 타인에게 영향을 미친다. 이러한 다섯 가지 관계 속에서 삶이 의존하고 있는 구조를 파괴함 없이 최상의 자아를 확립해 나가는 틀을 갖추게 된다.

이 다섯 가지 중에서 세 가지가 가정에 관련되어 있는데, 무엇보다 중요한 것은 부모에 대한 자식들의 존경이다. 여기에서 효의 개념이 등장하게 된다. 이러한 존경은 비단 자신의 부모에게뿐만 아니라 모든 연장자에 대한 공리주의적 관점에 기초하는데, 노인을 후대하는 사회가 바람직하리라고 여기는 전통으로 이어진다. 뿐만 아니라 노인이란 모름지기 그 내면적인 가치를 보아 당연히 존경받아야 마땅한 존재로 간주된다. 연륜이라는 것은 단순히 지나치고 흘러가는 것이 아니라 그 속에서 지혜가 무르익으면서 원숙해진다고 보았다.

고대 동아시아에서 '예'라는 말의 또 다른 의미는 바로 제의(rite)와 관련된다. 이는 올바른 행동을 이룬다는 의미에서 올바른 것을 제의화시키는 것으로 첫 번째 의미를 두 번째에 결속시키는 셈이다. 사회적인 삶이란 일종의 종합예술로서 기본적인 틀은 한치의 예외나 즉흥이 필요없는 상태로 이루어져 있다. 모든 삶에는 정형화된 형식이 존재하는 바, 여기에는 황제가 드리게 되어 있는 연중 3회의 천신제와 여느 손님이 집을 방문했을 때에 먹을 것을 내오는 예절에 이르기까지 매우 꼼꼼하다.

유교의 사유 구조에 있어 선한 사람이란, 늘 더 바람직한 모습을 추구하는 사람을 가리킨다. 이러한 노력은 결코 진공 상태에서 이루어지는 것이 아니다. 즉 내면적 진리나 절대자를 발견하기 위해 산 속의 동굴에 칩거하는 식의 출세간적 형태가 아니라는 말이다. 자기완성에 진력하는 유교에서의 인간은, 변화무쌍하고 헤아릴 수 없이 다기한 인간관계 한 복판에 놓여 있다. 외골수로 성자가 되기를 바라는 것은 유교에 있어서 아무런 의미가 없다. 자아란 관계성이기 때문이다. 이는 타자와의 상호적 관계를 통해 형성되며, '예'라는 사회적 역할의 총합에 의해 규정되는 것이다.

만일 군신의 관계에 있어서 신하의 마땅한 충성의 근거로서 하늘의 위임권(Mandate of heaven)을 말할 때에는, 반드시 지도자가 백성들의 안녕을 우선 염두에 두고 있는가 그리고 이를 이룰 만한 능력 등이 있는가가 확인되어야 한다. 그래서 이미 수천 년 전부터 유교 전통은 혁명의 정당성에 관한 논리를 그들의 정치 철학에 확고히 심어 놓았다. 이처럼 유교적 사유는 내면과 외면이 한데 어우러져 이루어지는 세계이다. 인人과 심心이 확장되며 예의 가능성이 점차로 실현되어 감에 따라, 이 내면적 세계는 더욱 깊어지고 아울러 그 완성이 가까워지는 것이다. 이러한 사유 방식은, 사해동포라는 지평 하에서 온전한 인간이 되기를 진력하는 사람들과 함께 이루어진다.

윤리인가, 종교인가

유교가 과연 종교인가, 아니며 윤리에 불과한 것일까? 이에 대한 해답은 종교를 어떻게 규정하는가에 달려 있다. 유교가 개인의 행동과 도덕적 규범에 대해 지대한 관심을 보여준다는 점을 감안한다면, 유교는 여타 종교와 다른 각도에서 삶을 다루고 있음을 알수 있다. 고로 넓은 의미에서 종교를 인간의 궁극적인 관심으로 형성되는 삶의 문제라고 이해한다면, 유교 역시 분명 종교적이다. 또한 좁은 의미에서 인간을 초월적 실존 근거와 관련시키는 것으로서 종교를 이해한다 할지라도, 여전히 유교는 비규정적으로나마 종교의 성격을 지닌다.

유교에 있어서 초월적인 차원에 대한 폭 넓은 이해를 위해서는 공자가 살았던 고대 중국의 종교적 배경에 대해 살펴볼 필요가 있다.[22]

---

22 B.C.10세기 무렵까지는 대략 세 가지 상호 연관된 요소의 복합적 형태가 존재하고 있었다. 첫째, 하늘과 땅이 연속된 형태라고 보면서 단순히 공간적 의미만을 나타내는 것이 아니라, 그곳에서 사는 거주자도 다루고 있다. 이는 마치 군주의 백성들을 가리켜 군주의 집 사람들이라는 말로 표현하는 것과 같은 이치이다. 하늘에 거주하는 이들은 주로 조상들이며, 최상의 조상인 상제에 의해 통치된다고 보았다. 하늘은 지상의 만사를 주재하며 또한 희생제를 통해 기원하는 지상의 인간의 정성에도 좌우된다. 이 두 영역 중에서 하늘은 단연 그 중요성이 뚜렷하다. 하늘의 거주자는 더 고상하고 위엄과 권위가 뛰어났다고 보았다. 결국 그들은 땅에 사는 이들의 기림을 차지하고 지상의 계획들을 주재하는 것이다. H. Smith , 앞의 책, 249-51쪽 참조.

고대사회에서 하늘과 땅의 세계가 어울림에 있어 지상에서 하늘을 향하는 확실한 방법은 희생 제사이다. 이러한 희생 제물의 연기를 통하여 제사 드리는 중요한 의미가 하늘에 전달되는 것이라 믿었기 때문이다. 천자天子로 자처하는 통치자는 국가적 제사를 관장함으로써 그 권위를 확인하였다. 이에 대응해 하늘이 지상으로 소통하는 방법은 점복占卜이다. 이 점복을 통하여 지상의 인생들은 신적 지식에 접할 수 있다. 그러나 이들은 직접적인 언어 형태를 사용하지 않으며, 까닭에 상징의 형태를 취한다.

고대 제의 방식에 나타난 선조들과의 일체감이나 희생 제사 및 점복 등의 다양한 모습 속에는 공통적인 강조점이 드러나는데, 이 강조점은 지상보다는 하늘에서 두드러지게 나타난다. 유교에 있어서 종교적 측면을 총체적으로 이해함에 있어, 공자가 당대의 사람들로 하여금 하늘에 대한 관심을 지상의 일들로 전환시켰다는 점과 그런 와중에서도 하늘의 표상을 일깨웠다는 점을 놓치지 말아야 한다.

그러므로 신령한 존재들이 무시되어서도 안 되지만 우선적인 문제는 지상의 사람들이었다. 공자의 철학은 지극히 상식적인 것과 실제적 지혜의 산물이었다. 여기에는 어떤 심오한 철학 사상도 없고 현란한 사변도 없으며, 우주적 경건성을 자극할 만한 어떤 허황된 요소도 담겨 있지 않다.[23] 공자는 다른 세상의 일들에 관해 질문받을 때마

---

23 대부분 그는 "영적 존재에 대해 언급하지 않는다"고 전해진다.[『논어』, 述

다, 다시금 인간 존재에게로 초점을 바꾸어 놓곤 하였다.24 한마디로 공자는 현세적 세계관을 갖고 있었다.

공자가 시도했던 바 하늘로부터 지상에로의 변화에 대한 특별한 실례를 든다면, 조상에 대한 제사의 강조에서 부모에 대한 효성으로 강조점을 바꾸었다는 사실이다. 고대 중국에서는 실제로 죽은 자에 대한 숭배가 행하여졌고, 공자는 이에 대해 '마치 실재하는 것처럼' 예배에 임해야 한다고 강조하였다. 아울러 그의 강조점은, 바로 생존하고 있는 가족들과의 관계였다. 고로 가장 신성한 관계란 바로 육신의 혈육들에 대한 것이며, 현재의 가족들이 서로가 감당해야 할 의무들은 유명을 달리한 이들에 대한 것보다 더 중요하다.

물론 공자가 시도했던 이러한 강조점의 변화 때문에, 섣불리 그가 하늘과 땅을 전적으로 분리했다고 보아서는 안 된다. 그는 결코 그 시대의 주도적인 세계관의 흐름을 거스르지 않았다. 하늘과 땅이 어우러져 있고, 육체적인 것과 아울러 육체 그 이상의 것도 존재하는 바, 이는 최상의 존재인 상제上帝가 주재하는 것이라고 보았다. 그러기에 초자연적인 존재에 대해서는 매우 신중한 자세를 보였고, 아울

而 20]

24 죽은 자의 영혼에 대한 제사문제에 대해 공자는 "살아있는 자도 제대로 섬기지 못하면서 어떻게 혼령을 섬기겠느냐"고 대답하였고, 죽음에 관해서 물어왔을 때에는, "삶에 대해서도 이해하지 못하면서, 어떻게 죽음에 대해 따지려느냐"고 답변하였다.[『논어』, 先進 11]

러 이를 결코 도외시하지 않았다.

　무엇보다도 올바름을 진작시키는 것은 하늘의 깊은 뜻을 담고 있으며, 이 '하늘의 뜻'은 군자가 받들어야 할 첫째 덕목으로 나타난다.25 온전한 인간이 되는 이러한 이상향은, 계속적인 초월의 과제, 즉 자아 중심주의, 가족 이기주의, 지역 이기주의, 종족 우월주의나 국수주의적 자세를 넘어서는 것이다. 아울러 더 나아가 인간 중심주의도 넘어서서 하늘과 땅 그리고 인간이 어우러지는 세계를 열어 놓고 있다.

---

25 공자 자신은 그 가르침을 전파해야 할 소명을 가졌다고 믿었다. 일찍이 천하를 주유하는 가운데 匡이라는 지역에서 핍박을 받게 되었을 때에 이런 모습이 나타난다.[『논어』, 子罕 5]; 비슷한 어려움을 겪게 될 때마다, 그는 오히려 제자들을 다음과 같이 격려했다. "하늘이 나에게 이 가르침을 맡겼음에, 환퇴가 어찌 나를 해하리요."[『논어』, 述而 22]; 때로 자신의 행동거지를 의심받을 만한 경우에 처했을 때에는 다음과 같이 스스로 종교적인 경계를 게을리하지 않았다 "내게 허물이 있다면, 하늘이 버리시리라, 하늘이 버리시리라."[『논어』, 雍也 26]; 또한 어리석은 인간의 교만을 경계할 때에는 종교적 표현이 절절하게 드러나곤 한다. "하늘에 거역한 자는 어느 곳에도 기도할 곳이 없다."[『논어』, 八佾 13]; 이 외에도 공자는 자신의 쾌유를 비는 제자들의 간청에 "나는 이미 하늘에 기도한 지 오래되었다."[『논어』, 述而 34]라는 말로 종교적 세계를 에둘러 표현한다.

방외지사方外之士의 세계

문화는 한 가지 색깔만으로 이루어지지 않는다. 중국에서도 역시 유교라는 고전적 흐름은 그 반대편 색조를 띤 불교라는 정신사조와 맥을 같이 하였을 뿐만 아니라, 도교라는 탈현세적 세계관의 색깔도 담아 내고 있다. 도교의 경전인 도덕경을 살펴보면, 모든 것이 도 그 자체에 집중되어 묘사되는 것을 볼 수 있다. 문자적으로 이 말은 '길' 또는 '방법' 등을 의미하는 것이다. 도는 궁극적 실재를 말한다. 도란 것은 파악할 수 없고 명확하게 드러나지도 않으며, 인간 이성으로는 헤아릴 수 없이 광대한 것이다. 비록 도라는 것이 초월적인 것이긴 하지만, 또한 아울러 내재적이기도 하다. 이는 우주 삼라만상의 이치로서, 규범이 되고 순환의 세계를 이룬다. 그리고 만물의 추진력인 동시에 삶의 배후에서 역사하는 원리이다.

일반적으로 세 가지 도교 양태가 존재한다. 우선 철학적 도교는 노자, 장자, 도덕경 등의 이름과 관련되어 있다. 사람이 지혜롭게 산다는 것은, 갈등과 분열 속에서 쓸모없이 소모해 버리는 것을 경계함으로써 삶의 생동력을 도모하는 것이다. 노자와 장자의 처방은, 주로 무위無爲 개념을 중심으로 이루어진다. 즉 인위적 행위보다는 오히려 물 흐르듯이 삶에서 나타나는 바람직한 세계관을 지향한다. 이러한 무위의 행동 양식은, 사람 사이의 관계와 심리적 혼란의 관계에 있어서 갈등을 최소한으로 만들어 준다고 보았다.

두 번째 양태인 양생술에서는 철학적 도가들이 말하는 도의 바람직한 보존을 넘어서 자신에게 부여되었던 도의 확장에 관심한다. '기氣'라는 말은 생명력을 지칭하는 것인데, 여기에서의 주된 목적은 이러한 기의 흐름을 원활하게 만드는 것이다. 살아 있다는 것은 좋은 것이고, 오래 사는 것은 더 바람직하다. 그리고 언제까지나 살아 있다는 것은 가장 좋은 것이므로 이 같은 도교의 눈길은 장생불사長生不死 혹은 불멸의 세계를 바라본다.

철학적 도교는 삶에 있어서 바탕을 지혜롭게 다지는 것이고, 양생적 도교는 이를 증식시키는 방법이다. 그런데 현실의 삶에서는 수시로 출몰하는 전염병과 귀신들의 존재도 무시할 수 없고, 때때로 가뭄과 홍수가 몰아닥친다. 까닭에 도가들은 고유한 민간종교 형태에서의 자연적인 능력을 지닌 점술가와 심령가들, 무당 그리고 신앙 치료가 등 자유분방한 형식을 취하고 있다. 그리고 불교의 영향을 받던 A.D. 2세기경 교단 조직으로 그 구체적 형태를 이루게 되었다. 일종의 만신전(Pantheon)의 형태를 띠고 있으며, 노자를 포함하여 시조신격으로 삼신을 모시는 것이 일반적이다.

철학적 도교와 개인의 기를 신장시켜 주는 양생술적 방법들 그리고 도가 교단이라는 세 가지 형태는, 언뜻 보면 전혀 공통점이 없는 듯하지만 오늘날 이 모든 것은 도교의 전체를 이루게 되었다. 이들은 한결같이 어떻게 덕을 함양하는 도를 성취하는가의 문제와 씨름하고 있으며, 그들의 특별한 관심들은 연속성을 이루고 있다. 이 연속성은 먼저 어떻게 해야 부여받은 보통의 기를 가장 쓸모 있게 하는가로부터 시작된다.(철학적 도교) 이와 함께 이 보통의 분량이 더욱 증식될 수 있는가의 문제(도의 양생술적 전개)와 마지막으로 도움이 필요한 사람들의 형편에 따라 대리적 역할을 감당하는 우주적 에너지를 어떻게 이끌어내는가 하는 기술적 문제를 다루게 된다.(민간에서의 종교적 도교)

변화하는 사회와 넓어지는 세계관

고대 중국의 하夏 · 은殷 · 주周 3대로부터 내려오는 전통들은, 공자를 통하여 춘추전국(722-221 B.C.)의 제자백가諸子百家 등과 어우러져 재해석되기 시작하였고, 거대한 경전 전통의 물줄기를 형성해 나갔다. 또한 유명한 진시황의 분서갱유 등에서 보듯이 역사적으로 진 · 한 시대를 거치면서 다양한 종교 지형의 변화와 통합이 이루어진다. 이는 통일제국 진나라의 기초를 이루었던 법가나 도가 및 유가 전통이 어느 정도 서로 어우러지는 계기가 된다. 이후 고문古文 · 금문今文 논쟁에서 보듯이 다양한 전승과 사상이 나름대로 자리 잡음으로써 폭넓은 유교적 세계관을 형성하게 되었다.[26]

그러나 시기적으로 보아 통일된 제국은 일련의 한계를 보여준다.

---

26 顧頡剛, 이부오 역, 『중국고대의 方士와 儒生』, 온누리, 1991.

이는 보편성, 일반화의 한계를 말한다. 실제로 통일제국은 묵가 등에서 말하는 보편주의라든지 공리주의의 이상을 담아 내지 못하였다. 때문에 훗날 제국이 흔들리는 시기에 황건적의 난 등에서 보이듯이 민중 메시아니즘이 부활하는 실마리가 되었다. 이후 제국이 분열되고 삼국시대를 거쳐 위·진 남북조南北朝시대에 이르면, 노장사상이나 불교의 보편·평등의 사상이 폭넓게 사유 세계의 그릇 안에 담기면서 대륙의 세계관 지평이 더욱 확장되는 계기를 맞는다.

특별히 이 시기의 불교와 도교, 유교의 정체성은 매우 다양하게 섞여 존재하는 양식을 보여주며, 방외지사와 거사居士, 처사處士, 유생儒生 간의 정체성이 서로 어우러지게 된다. 특별히 잦은 정치적 변동기에 놓였던 북조北朝 불교의 경우에는, 일반인들처럼 복장이 자유로우며 심지어 관료 세계의 존재양식과 별반 다를 바 없는 독특한 승려의 양식을 보여주기까지 한다.27 선불교의 3조인 승찬僧璨의 경우 세속인과 다름없는 존재 양식도 엿보이고, 유무有無 논쟁에서 보이는 것처럼 노장사상의 철학적 본체론이 모습을 갖추는 것도 엿보인다.

남북조시대에는 이같이 불교와 노장이 어우러지면서 현학衒學의 세계가 광범위하게 수용되었고, 유무有無의 문제가 보편과 개체, 일반과 특수라는 측면에서 다루어지게 된다. 이어서 수隋·당唐시대에

---

27 장원규, 『중국불교사』, 고려원, 1983, 69쪽. "華冠瓔珞長髮俗服"라는 형태로 자리 잡게 되는 北齊의 불교를 참조하라.

이르면 불경 번역이 거의 마무리되면서, 다양한 세계 이해를 반영하는 이른바 격의格義불교라는 독창적인 중국적 사유를 낳게 되었다. 이는 무형성과 유형성, 정지성과 운동성, 통일성과 다양성의 세계를 해명하면서 훗날 신유교의 이론적 기초를 이루었으며, 거룩과 세속, 차안과 피안의 세계에 대한 종교철학적 이론을 구성하는 밑거름이 되었다.

일찍이 유교 경전도 원시 유교에서 이어내려 온 6경(易經, 詩經, 尙書, 禮, 樂經, 春秋)의 전통을 나름대로 읽어 냄으로써 통일제국에서는 해석학의 여러 흐름들(儀禮, 周禮, 禮記, 左氏傳, 公羊傳, 穀梁傳)이 자리 잡게 되었고, 또 다시 불교와 도교의 어울리는 과정을 겪으면서 더욱 폭넓은 발걸음을 보여준다. 일반적으로 정리해 본다면, 수·당시대를 거치면서 논어論語, 효경孝敬 전통이 수용되었고, 송대에 이르면 맹자孟子, 이아爾雅가 자리 잡으면서 13경이 성립되었다.

새로운 사회와 펼쳐지는 신유교

일찍이 B.C. 130년경 중국 대륙에서 유교의 경전이 정부 관리의 교육을 위한 기본 교재로 채택된 이래로, 이러한 형태는 근세에 이르러 제국이 붕괴되기까지 끊임없이 유지되었다. A.D. 59년경에는 모든 서당에서 공자를 기리는 제사가 제정되었으며, 7, 8세기에 이르러

서는 공자와 제자들을 모시는 사당이 제국의 모든 지방 도시마다 건
립되었다. 과거제와 같은 공직 선발 제도는 일찍부터 자리 잡고 있었
으며, 이를 통해 유교적 세계관을 체득하는 것은 필수적이었다. 10세
기 후반부터 13세기 후반에 이르러 이러한 제도가 완성되었으며, 이
는 금세기 초까지 그 흔적이 남아 있었다.

여기서 공자와 그 제자들이 이루었던 바, '만들어 내지는 않았지만
완성'해 내었던(述而不作) 유교의 삶의 자리를 짚어볼 필요가 있다. 일
반적으로 동아시아 사회에서 동질적으로 보이는 모습은 대개, 윤리
적이고 공적인 삶에 있어서는 유교적 양태를 취하고, 사생활이나 위
생적인 측면에서는 도교적 양태를 보여주며, 임종 시에는 불교적 경
향이 농후하고, 어느 경우에서든지 샤머니즘적 민간신앙의 열정을
깔고 있는 것이 보통이다. 이러한 가운데 지정학적으로 광활한 대륙
을 지닌 까닭에 끊임없는 침공을 받았던 중국은, 감당키 어려운 것에
대해서는 아예 흡수를 해 버렸다. 끊임없이 밀고 들어왔던 침입자들
은 자연스런 동화 과정을 통하여 그 정체성의 변형을 가져왔고, 피정
복민과 같았던 중국인들이 오히려 선생이 되기도 하였다.

이러한 흐름 속에서 송대에 이르면 사유의 지형은 새로운 국면을
맞게 된다. 이른바 신유교라는 세계관의 형성을 통하여 종교와 사상
적 측면에서 폭넓은 세계시민적 사유를 완성시키는 형태가 갖추어지
는 것이다. 불교의 대가였던 종밀宗密의 '원인론原人論'에서 비롯되었
던 태극론의 실마리는, 주돈이(周敦頤:1017-73)의 『태극도설』에 이르러

무극태극無極太極론으로 자리 잡음으로써 신유교 형이상학의 기반을
마련하였다. 이어 장재(張載; 1020-1077)는 도즉기道卽氣, 태허즉기太虛卽
氣의 세계관을 통하여 심통성정心統性情과 천지天地-기질(氣質之性)론
으로 신유학의 틀을 펼쳐나갔다. 정호(鄭顥; 1032-1085) 역시 선불교와
도가사상을 기반으로 심즉리心卽理, 정좌靜坐, 천리인욕天理人欲설을
피력하였고, 정이(鄭頤; 1033-1107)는 화엄철학의 이사무애理事無碍 영
향을 받아 형이상과 형이하의 세계를 구분함으로써 성즉리性卽理 이
론을 마련하였다.

특별히 주희(朱熹; 1130-1200)의 경우는 원시 유교 전통에 나타난 예
기禮記사상을 중용과 대학을 중심으로 한 해석학으로 풀어나갔는데,
이는 의이방외義而方外, 경이직내敬而直內라는 철학적 해석학으로 완
성되었다. 물론 당시 고종이 금나라에 굴복한 사건으로 인해 중화사
상과 주희의 이理 중심주의가 손발을 맞추었고, 이귀기천理貴氣賤과
같은 이분법적 왜곡을 낳았다는 비판이 뒤따르기도 한다. 그럼에도
그가 말하는 이와 기氣의 세계는 불리부잡不離不雜을 기본으로 하는
것이기에 본연本然과 기질氣質의 세계, 도심道心과 인심人心의 세계를
하나하나 해명함으로써 우주와 인간 이해의 금자탑을 이루었다. 이
러한 주희의 작업에 대해 훗날 여러 학자들은 '주자학은 유교의 얼굴
을 한 도교와 불교'라고 말하기도 하는데, 이러한 측면에서 신유교는
새로운 형태의 종교개혁 양상을 지닌다고 말할 수 있다.[28]

이후 신유교의 세계관은, 육구연(陸九淵; 1139-92)에게서 비롯되는

존덕성尊德性의 세계와 양지양능諒知良能론 그리고 '육경은 내 마음의 주석'이라고 이해한 주체 중심의 관점을 기초로 양명학의 씨앗을 뿌리게 되었다. 즉 불교와 유교 사상이 수기와 치인의 종합이론으로 수렴되는 형태로 자리 잡은 것이다. 그리고 명明대의 왕수인(王守仁; 1472-1528)은 이러한 심학心學의 세계를 기초로 하여 심즉리心卽理, 치량지致良知, 지행합일知行合一의 가르침을 새롭게 다듬기에 이르렀다. 이는 사실상 불교와 유교 사상의 접목이었고, 수기修己와 치인治人의 세계를 하나로 종합하여 이해하는 큰 물줄기를 이루었다.

┃더 읽을거리
H.핑가레트, 『공자의 철학』, 서광사, 1993.
顧頡剛, 이부오 역, 『중국고대의 方士와 儒生』, 온누리, 1991.
임계유, 『중국의 유가와 도가』, 동아출판사, 1993.
중국철학연구회, 『논쟁으로 보는 중국철학』, 예문서원, 2000.

---

28 이러한 평가는 주로 명나라 시기의 羅欽順, 王廷相 등의 비판이 대표적이며, 청나라 때에도 여러 학자들이 같은 형태로 주자학의 실상이 도교와 불교라고 비판하고 있다. 왕정상의 『雅述上』을 참조하라.

제6장

한국 유교 전통의 이해

신분 사회에서 꿈꾸는 새로운 삶

하늘의 비신화화: 하늘의 뜻이 땅에서도

세계와 인간에 대한 고찰

무엇이 하늘이고 누가 중화中華인가: 개신유교

새로운 세상과 새로운 믿음

공자가 죽어야 나라가 산다

오늘날 동아시아가 격동의 혼란기를 벗어나게 되면서 많은 학자들은 유교라는 형태가 자본주의의 발흥을 저해하였다는 식의 막스 베버류의 오리엔탈리즘에 의문을 품기 시작했다는 점에 주목할 필요가 있다. 이는 유교문화권 안에 있던 일본과 한국 그리고 대만 및 싱가포르 등이 여타 아시아 지역보다 월등한 경제적 성장을 이루는 현실에서 비롯한다. 사실상 유교적 배경을 안고 있는 이들 나라의 문화 양식이 근대화 및 경제 개발과 상관관계를 이루고 있다는 것을 확인한 까닭이다. 오늘날에는 오히려 서양의 황혼과 아울러 동양의 유교적 이해를 일련의 구원 신호로 받아들이고자 하는 보스톤식 유교(Boston Con- fucianims)라는 이해까지 등장하기에 이르렀다.

신분 사회에서 꿈꾸는 새로운 삶

고대 한반도의 역사 중『삼국사기』에 등장하는 강수強首편에는, 태어나면서부터 신분제가 유지되던 당시 사회 속에서도 신분보다는 도덕과 가치의 삶을 추구하는 유자儒者의 모습이 드러나고 있다. 당시 강수는 혼인이라는 인륜지대사를 이룸에 있어, 신분과 출신이 달라 가족과 주변이 만류하는데도 불구하고 새로운 가치관을 내세워 자신의 삶에서 익힌 바를 지켜 나가는 모습을 보여준다.[29] 보잘 것 없는 출신의 아낙네를 최상의 지성 계급에 속하던 강수가 아무런 거리낌 없이 반려자로 맞아들이는 모습은, 시대를 뛰어넘어 오늘날에도 우리의 옷깃을 여미게 하는 깊이를 담고 있다.

이처럼 고대 한반도에서 유학자들은 유교 전통의 가르침에 나타난 합리주의와 보편주의 정신을 바탕으로 살았다. 고대국가에 있어 대를 이어가며 신분과 지위를 물려받는 방식의 계급 구조는 보편적

---

29 김부식, 『삼국사기2』, 동서문화사, 833쪽, "가난하고 천한 것은 부끄러운 바가 아니지만, 도를 배우고 행하지 않는 것은 진실로 부끄러운 바입니다." (貧且賤非所羞也, 學道而不行之誠所羞也)

이었다. 그럼에도 유교의 합리성과 보편적인 사상을 중심으로 펼쳐 나가는 선비들의 정신세계는, 고대국가의 뼈대를 이루면서 새로운 틀 짜기를 시도하는 가치관으로 자리 잡아 갔다. 당대의 최치원이나 설총 등과 같은 이들은, 놀랍게도 철저한 신분제 사회 속에서도 한결같이 보편적 가치를 내세워 인간의 평등과 존엄성을 잊지 않고 새로운 문화를 만들어 나갔던 큰 기둥이었다.[30]

이 같은 유교 가치관은 고대국가에서 하나 둘씩 정치와 사회에 제도적으로 반영되기 시작했다. 신문왕 때 이루어진 국학과 같은 인재 양성기관이나 원성왕 때의 독서삼품과와 같은 관리 선발 제도 등이 바로 그것이다. 오늘날의 시각으로 본다면 물론 일정한 한계를 지닌 제한적인 것이었지만, 당시 골품제를 토대로 이루어진 사회에서 새로운 가치관과 질서를 기초로 하는 세계의 기틀을 이루었다는 점에서 유교의 가르침과 전통이 뿌리 내리는 계기가 되었다. 이처럼 유교적 가치관과 지성세계는, 대를 이어가는 신분 질서 사회에서 귀족 중심의 사회 구조를 개선하고 새로운 사회 질서 형성에 기여하는 주요한 계기가 되었다.

이와 아울러 통일신라 후기에 이르면 당나라에 유학하여 과거제도를 비롯한 선진 문물을 겪어 보았던 유학생들이 더욱 늘어나게 되었다. 까닭에 이들은 보편적 유교 가치관의 실현을 꿈꾸며 새로운 나

---

30 조명기외, 한국사상의 심층, 우석출판사, 1986, 181-2쪽

라를 이루는 밑거름이 되었다. 이 시기에 성덕왕은, 공자와 그의 제
자들을 기념하기 위해 국가적인 후원을 통해 문묘文廟를 세웠고, 이
를 통하여 유교적 가치관의 위상과 권위를 국가 의례 차원으로 이끌
어 올리기에 이르렀다.

　이처럼 한반도의 고대국가 형성에 있어 유교적 가치관은 여러 가
지 측면에서 주춧돌을 이루고 있다. 고구려의 경우는 일찍이 372년에
국가의 공식 교육기관으로서 태학을 설립하였다. 곧 이어 사립학교
격인 경당이 세워졌고 젊은이들에게 유교 고전과 문학 등을 가르치
면서 유교적 세계를 펼쳐나갔다. 백제의 경우는 일찍부터 수입된 유
교 문물이 꽃을 피웠고, 알려진 바대로 아직기와 왕인 등을 통하여
일본으로 퍼져나갔을 정도로 널리 자리 잡고 있었다. 이에 각종 사서
들도 편찬되면서 이러한 유교적 가치관이 깊이를 더해 갔다.

하늘의 비신화화: 하늘의 뜻이 땅에서도

　고려시대에 들어서면서 유교는 본격적으로 나라의 기틀을 잡는
주요한 계기로 한 몫을 감당하였다. 대표적인 형태로 광종 때인 958
년 중국의 영향 아래 과거제도가 마련되었다는 사실을 꼽을 수가 있
다. 그리고 성종 때에 이르면 국립대학인 국자감을 설립하고 유교 문
헌을 위한 도서관을 설립하기에 이르렀다. 또한 최충(984-1068) 같은

이는 현직에서 물러나면서 인재를 양성하는 교육기관을 마련하였는데, 이는 뒤이어 고려시대에 수많은 사학의 설립으로 이어지게 되었다. 또한 인재를 양성하기 위한 장치로 양현고와 연구기관인 보문각 그리고 지방 교육 기관인 향학이 곳곳에 세워지게 되었다.

게다가 현종 때에 이르러서 한림원을 중심으로 하여 정부의 조직을 유교적으로 정비하였고, 대외적으로도 외교 관례 및 체제 구성에 있어 국제관계에 뒤떨어지지 않는 유교적인 체제를 갖추게 되었다. 특별히 삼국사기 등을 편찬하였던 김부식을 비롯한 유교 지성들은 나름대로의 시각을 가지고 유교적 이념을 구현하는 역사 편찬을 완성하였고, 문화적 토양을 마련하는 데 이바지하였다.

몽고의 세력이 한반도를 휩쓸고 지나간 이후 실질적으로 원나라의 지배적인 영향 아래 놓였던 시기에도, 유교 사상은 끊이지 않고 그 맥을 이어갔을 뿐만 아니라 오히려 송나라의 신유교 사상이 받아들여지면서 중요한 변화를 이루게 되었다. 특별히 안향(1243-1306), 백이정(1275-1375) 등을 중심으로 한 일단의 유학자들은 오늘날까지 남아있는 성균관 등의 기초를 닦아내었고, 신유교 이념을 기초로 하여 피폐해져 있던 고려 사회의 윤리와 종교적 세계의 기틀을 마련하였다.

한편 고려 후기의 저명한 학자였던 정몽주(1337-1392)와 길재(1353-1419) 등은, 유교적 이념을 바탕으로 하여 군주에 대한 도리를 강조하였는데, 이러한 사실은 이미 고려 후기에 유교적 원리가 사회적으로 일정한 틀을 갖추고 있었음을 알게 해 준다. 이와 아울러 일단의 신

진 유학자들과 유교의 사회 질서를 기반으로 성장하였던 신진 사대
부 세력들은, 고려 말의 혼란한 상황 속에서 나름대로 국제 정세에
대한 통찰을 가지고 새로운 사회 질서를 꿈꾸었다. 특별히 정도전과
권근, 하륜(1347-1416) 등은 이성계를 중심으로 하는 새로운 역성혁명
의 일원이 되었고, 유교적 가치관을 기반으로 하여 새로운 나라에 대
한 성리학적 원리를 구축하기에 이르렀다.

　이런 유교적 가치관은 한반도에서 독특한 형태의 역사 인식을 가
지게 되었다. 일례로 유교의 원리가 기반이 되어 나라의 기초를 이루
었다고 생각하는 조선시대의 종묘사직에는 의외로 태조 이성계의 강
력한 발의에 의해 고려 공민왕의 사당이 한편에 자리 잡고 있기도 하
다. 주지하다시피 공민왕은 자주 정책과 독립 정책을 통하여 나라를
일으키려던 임금이었다는 점에서 의미심장한 일이 아닐 수 없다. 이
는 고려와 조선이라는 두 체제가, 사실상 합리주의 정신을 바탕으로
하면서 민족의 자주성과 정체성을 이루어내기 위해 같은 동력을 지
닌 채 이어진 일련의 변형된 수권 체제에 불과한 것이었음을 은근히
드러내 준다.

세계와 인간에 대한 고찰

　조선 왕조가 성립된 이후로 국가의 체제는 급속하게 유교적 이념

을 구현하는 형태로 바뀌어 갔다. 불교의 사원을 집중적으로 정리하면서 사회를 일신시켰던 태종에 이어, 세종 때에는 유교적이고 합리주의에 입각한 일련의 전문가 집단을 집중적으로 양성해 냄으로써 사회와 문화뿐만 아니라 과학 분야에 이르기까지 폭넓게 나라의 체제를 다져 나갔다. 특별히 지식계급에 제한되어 있던 문화적 양태를 벗어나게 되었는데, 그 중 일반 대중들이 소통할 수 있도록 훈민정음을 창제하여 언어학적인 대변화를 모색한 점은 단연 돋보인다. 이로써 일반 대중에게 손쉽게 다가갈 수 있는 합리주의 정신의 대중화를 구현하였고, 따라서 이러한 유교적 이념은 대중 속에서 자생력이 있는 형태로 자리 잡게 되었다.

조선 중기에 이르면 나라의 형태가 유교적 통치 이념으로 굳건히 자리 잡게 되었고, 더불어 우주와 존재에 대한 깊이 있는 성리학적 통찰을 이루게 된다. 이는 단순히 중국 성리학의 답습에 그치는 것이 아니라, 이보다 한 걸음 나아가서 인간의 내면과 사회의 구조에 대한 깊이 있는 성찰을 하기에 이르렀다. 주자학적 원리를 충실하게 이어받은 퇴계(1501-1570)의 경우에는 심성론에 대한 독자적 이해의 깊이를 더함으로써 주자학의 범주를 넘어서 폭넓은 심성론의 세계를 열어나가게 되었다. 특히 사단四端과 칠정七情을 대극적으로 이해하는 퇴계의 도덕론적 사유는 동아시아의 사상사에서 퇴계학이라는 독자적인 세계를 이루어나갔다.

반면 율곡(1536-1584)의 경우, 불교의 가르침은 물론이고 노자의 사상까지 주석(諄言)을 시도하여 인심도심人心道心론의 변화무쌍한 세계를 다룸으로써 심성론의 지평을 넓혀나갔다[31] 그는 성리학적 원리에 정통하였을 뿐만 아니라, 이를 현실 사회의 의미 있는 이념으로 구체화하면서 일목요연하게 유교 해석학의 자리를 마련하였다. 그가 말하는 '성誠'의 세계는, 인간과 사회와 우주를 하나로 얽어매어 풀이해 내는 새로운 물꼬를 열어 놓았다. 서경덕의 기 철학과 맥이 닿으면서 조선 중기 유교의 사상적 지도를 폭넓게 그려 나갔던 율곡의 이러한 사상은 훗날 사회 변동에 지대한 영향을 끼쳐 실학의 주요한 줄기를 이루었다. 또한 북학파 등의 과학실증주의 정신에도 밑거름이 되었다.

그럼에도 유교 사상을 바탕으로 하는 조선 사회가 건국되고 자리잡은 지 200여 년의 세월이 흐르게 되자, 여기저기서 삐걱거리며 사회 체제에 금이 가는 현상이 나타났다. 우선 외부적으로는 이웃 강대국들의 세력 확장으로 말미암아 공동체가 커다랗게 흔들리는 결과를 낳았다. 이는 사실상 세력 간 다툼으로 인해 내부적인 사회의 합의가 수반되지 못하면서 나라의 기틀이 무너진 것이라고 볼 수 있다. 이를

---

31 사단이라 함은 맹자에게서 나타나는 인간 사회의 仁義禮智에 대한 가치론적 판단으로서 測隱, 羞惡 辭讓, 是非의 인간 이해를 말하는 것이고, 칠정이라 함은 『예기』「예운편」에 나타난 인간의 일곱 가지 심리 상태로서 喜怒哀懼愛惡慾의 상태를 말한다. 아울러 이에 따라 한국 유학의 독창성은 인심도심에 관한 이해로 그 깊이를 더해 가는데, 이는 『서경』「대우모편」에 나타나는 '人心惟危 道心惟微 惟精惟一 允執厥中'이라는 인간 행태에 대한 이해를 성리학적인 원리로 풀어나간 것이다.

앞서 내다본 율곡은 일찍이 10만 양병설을 주장하면서 동아시아 사회에서 생존의 여건을 마련하고자 했으나, 내부 갈등을 다스리지 못한 조선 사회는 이를 끝내 수용해 내지 못하였다.

게다가 15세기 후반부터 시작된 사화士禍라고 일컬었던 유교 지식층에 대한 정치적 박해는, 조선 사회를 질식시키면서 유교적 합리주의에 근거한 견제와 균형의 힘을 송두리째 앗아가 버리는 결과를 낳았다. 이후 유교적 이념을 구현하려는 선비들에 대한 100여 년에 걸친 희생으로 말미암아, 조선 사회는 자정과 변혁의 계기를 놓쳐 버리기에 이르렀다. 그리고 이로 인하여 임진왜란과 정유재란 그리고 정묘호란과 병자호란 등을 겪으며 이웃나라의 손아귀에 휩쓸리고 말았다.

무엇이 하늘이고 누가 중화中華인가: 개신유교

조선 중기, 당시 동아시아의 시대 정신에 어두운 위정자들로 말미암아 이웃의 섬나라와 대륙으로부터 50여 년간 나라를 유린당한 조선 사회는, 외부적으로나 내면적으로 정체성과 존재 의미에 있어 심각한 위기를 겪기에 이르렀다. 시대사조에 대한 위기의식은 유교의 가치와 의미에 대한 해석에 있어서 현실 적용의 문제를 심하게 다투기 마련이다. 원시 유교를 해석하는 신유교와 주자학적 세계 질서는, 이미 중국대륙에서도 오랫동안 도학道學 전통과 사공事功 전통 사이에서 실용實用과 공리公理의 우선순위를 놓고 여러 차례 씨름을 벌인 전례가 있기도 하다. 특히 주변국이었던 조선 사회는 강대국에 의한 전쟁과 참화를 겪으면서 이러한 유교적 이념의 현실 적응에 대한 숙제를 다부지게 헤쳐 나가야만 했다.

오늘날 실학이라 불리는 이 시기의 학자들은, 무엇보다도 원시 유교의 입법취지立法趣旨를 되살리면서 일련의 종교개혁과 같은 목소리를 내기 시작했다. 특히 이들은 신유교에서 뚜렷하게 드러나는 번문욕례繁文縟禮라든지 지나친 예학적 사고의 경직성을 배격하였고, 따라서 공리공담空理空談, 탁상공론을 털어 버리고 실험적이고도 경험주의적 사유로서 삶의 자리를 다부지게 다루어 나갔다.

특히 정약용(1762-1836)의 경우는, 음양의 상호성이나 대극성 철학을 중심으로 하여 태극 원리를 부각시키면서 오행설 등의 난삽함을 벗어나려고 하였다. 이를 통해 굳어져 버린 유교 이념의 비신화화를 도모하였던 셈이다. 그가 지은『목민심서』의 경우는, 근현대 새로운 아시아의 정체성을 모색하려 했던 베트남의 호치민(胡志明)이 탐독하며 건국의 길잡이로 삼을 정도였다. 이처럼 소위 실학의 대가라고 하는 정약용의 인식은, 시대와 공간을 뛰어넘어 당시 동아시아에 있어서 유교와 세계의 정체성을 밝히는 길잡이로서 비길 데 없는 식견을 보여주고 있다.

또한 일단의 실학자들은 원시 유교의 이상향에 근거하여『전한서』의 '실사구시'實事求是라든지『서경』의 '정덕이용후생'正德利用厚生 등의 세계관을 되살림으로써 형식이나 허명을 배격하였고, 수기修己보다는 치인治人의 가치관을 천명하면서 군자불기君子不器의 가치관을 뛰어넘으려고 하였다. 이런 점에서 이들의 모습은, 마치 반율법주의, 반형식주의 정신으로 기독교 신학의 기초를 놓았던 바울이나 이신득의以信得義를 내세운 마틴 루터의 종교개혁에 비길 만한 의미 있는 발걸음이었다.

심지어 이들 실학자 중에 윤휴(1617-1685) 같은 이는 주자의 주석을 보지 말아야 한다고 주장하면서 극단적으로 탈주자학, 탈성리학, 근대적 민주주의의 평등상을 제시하기에 이른다. 아쉽게도 이들의 주장은 사문난적斯文亂賊으로 내몰리면서 사회를 어지럽히는 무리로 희생되기도 하였다. 그럼에도 이 같은 모습은 엄밀한 유교 합리주의에 입각해 분석과 반론을 제시하였던 박세당(1629-1703) 등을 통해서 탈성리학의 흐름으로 자리 잡게 되었다. 이러한 인식을 바탕으로 정약용은, 천명과 인성을 결합함으로써 중용의 상제천上帝天을 종교적으로 수용하였고 아울러 중화주의나 사대주의 의식을 탈피하여 민족주의의 자리를 마련하기도 하였다. 이처럼 조선을 중국 내지는 중화로 보았던 움직임은 기원 독립설을 말하는 이익을 통해서도 드러나고 있다. 이는 오랑캐와 중화를 구분하는 기존의 고정관념과 이중 도식을 넘어서는 새로운 세계 인식이었다.

이와 아울러 허준의 동의보감, 정약전의 자산어보 등은 당시 사회의 모든 분야에서 독자적이고 자주적인 학문과 세계 이해가 진행되었음을 보여준다. 이러한 실학파의 평등사상은 박지원을 통하여 천자가 바로 원사元士라는 이해를 열어 놓았고, 유교 안에 도사리고 있던 계급질서(hierarchy)를 타파함으로써 새로운 세계를 바라볼 수 있게 해 주었다. 또한 삼강三綱이라는 수직적 윤리보다는 오륜五倫이라는 수평적 윤리를 강조하고 인仁의 호혜성을 드러냄으로써 이와 같은 목소리를 더욱 북돋아 주었다.

새로운 세상과 새로운 믿음

새로운 상황과 이를 깨달은 이들의 새로운 움직임은 일련의 개신 유교라는 흐름이 되었다. 그리고 그저 한낱 울리는 꽹과리에 그치는 것이 아니라 현실의 삶에 있어 사회 개혁의 발걸음으로 이어지게 된다. 일찍이 율곡이 이러한 바탕 위에서 토지개혁의 소리를 높였던 것은 첫걸음이었다. 이러한 맥락에서 유형원(1622-73) 등은 균전均田을 주장하며 토지 공개념을 이끌어내었고, 이익(1681-1763)이나 박지원의 경우는 한전限田론을 통하여 토지거래에 있어 일련의 제한 개념을 마련하였다. 정약용이 주장한 여전閭田 같은 경우는, 토지의 공동 농장 개념으로서 토지의 사유와 공유 개념을 알맞게 실천해 볼 수 있는 매우 설득력 있는 방안이었다.

이렇듯 일련의 사상적 변화와 아울러 이를 현실에서 이루어 나아가려는 움직임은, 서구의 루터 종교개혁에서조차도 이루지 못했던 토지개혁의 바람까지 담고 있는 것이기에 자못 그 의미가 심장하다. 게다가 엄중한 주자학적 풍토 속에서 이익 등은 주자학의 독단성을 비판하거나 불교의 장점을 내세우기도 하는데, 이로써 폭넓은 종교적 다양성의 바람까지 몰고 온 셈이 되었다. 박지원의 경우도 불교의 장점을 부각시키면서 시경의 경전성까지 비판하는 엄밀성을 보여주기도 한다. 김정희의 훈고학 역시 한, 송학의 보완을 통하여 유불의 세계가 공존함을 밝혀주었고, 이규경(1788-1860) 같은 이는 유·불·도 삼교합일의 세계를 말하였다.

홍대용(1731-1783)의 경우 불교와 노자 그리고 양명학뿐만 아니라 서학의 장점까지 서슴없이 거론하였고, 박제가(1750-1805)의 경우는 서학의 적극적인 수용을 주장하기도 하였다. 이러한 움직임 속에서 서학을 자발적으로 수용하려는 모습이 드러나게 되었는데, 이러한 현상은 주로 성호학파와 기호지방 남인 계열의 학자(권철신, 권일신, 정약용, 정약전, 정약종, 이가환, 이벽, 이승훈)들을 통하여 이루어졌다. 결국 이들은 경전과 교리서들을 자발적으로 연구하는 과정에서 새로운 신앙공동체의 형성으로 연결되는 모습을 보여준다.

이처럼 전통적인 주자학적인 관념에 사로잡혀 있던 당시 조선 사회에서 원시 유교의 입법 취지를 새롭게 되새겨 보려는 세계 이해는, 명·청 교체기에 직면하여 새로운 동아시아 질서를 바라볼 수 있게 해 주었다. 아울러 새로운 자아 정체성과 새로운 사회 구성을 일깨워 주었을 뿐만 아니라, 보다 보편적인 믿음의 세계에로 눈을 열어 주는 계기가 되었다. 결과적으로 이 시기에는 원시 유교의 보편적이고 대중적인 인식을 되살림으로써 다른 여러 종교에 대한 넓은 시각을 얻을 수 있었으며, 이는 곧 새로운 서구 세력에 대한 강한 지적 호기심과 아울러 정신세계를 두루 섭렵하는 길을 열어 놓았다.

이러한 측면에서 정약용과 가까운 관계이면서 그에게 커다란 영향을 끼쳤던 이벽(1754 -1786)은 주목할 만하다. 그는 고전적인 유교의 대표자인 동시에 이러한 안목으로 새로운 세상에 대한 통찰과 보편적 믿음의 세계에 대해 열린 마음을 지녔던 보기드문 근대적 인물의 전형이었다. 까닭에 그가 남긴 일련의 저서(천주공경가, 성교요지) 등은 유교적 기독교의 새로운 지평을 열어 놓은 토착화된 신앙의 교과서로 읽기에 조금도 모자람이 없다.

공자가 죽어야 나라가 산다

개화기를 전후한 근현대 한국사에 있어서, 기나긴 세월에 걸쳐 나라의 기본 틀이 되었던 유교의 가치관이나 세계관은 아무런 힘을 쓰지도 못했다. 또한 나라를 이끌어나가던 이들조차도 망국의 갈림길에서 기껏 스스로를 탓하며 소극적으로 죽음의 길을 택하는 정도의 무력한 모습만을 보여주었다. 게다가 일본의 식민지 지배 하에서 온 국

민이 소리 높여 외쳤던 3·1운동과 같은 비폭력 평화주의의 대열에
유교의 지도자들이 함께하지 못함으로써, 바람 빠져 쭈그러진 쓰레
기더미처럼 내뒹구는 처지가 되어 버렸다.

그런데 강대국의 손아귀에서 뒤흔들리고 이념의 갈등으로 혈육들
이 서로 총칼을 들이대는 어지러운 100여 년을 지나오는 동안, 유교
문화가 여전히 한민족의 삶을 지탱하는 질긴 뿌리로서 곳곳에 흔적
을 남겨 놓은 것을 보면 신기한 일이다. 남과 북에 터하고 살아가는
이들은 물론이고 세계 방방곡곡에 흩어져 사는 동포들까지도, 여전
히 유교적인 계급의식이나 가치와 질서 그리고 형식과 윤리 등을 달
팽이집처럼 덮어쓰고 살아간다. 긍정적이면서도 부정적인 이중적 평
가 속에서도 유교적 집단무의식의 세계를 벗어나지 않는 오늘의 현
상은 한민족의 수수께끼이다. 나보다는 우리라는 공동체 의식과 관
계성을 중심으로 하는 유교적 가치는 오히려 시련과 역경 속에서 더
빛을 발하는 모양이다.

오늘날 동아시아가 격동의 혼란기를 벗어나게 되면서 많은 학자
들은 유교라는 형태가 자본주의의 발흥을 저해하였다는 식의 막스
베버류의 오리엔탈리즘에 의문을 품기 시작했다는 점에 주목할 필요
가 있다.[32] 이는 유교문화권 안에 있던 일본과 한국 그리고 대만 및

---

32 Winston Davis, "Religion & Development: Weber & the East Asian
   Experience", *Understanding Political Development*, (eds. Myron
   Weiner, Samuel P. Huntinton, Little, Brown & Company, 1987, p.222.

싱가포르 등이 여타 아시아 지역보다 월등한 경제적 성장을 이루는 현
실에서 비롯한다. 사실상 유교적 배경을 안고 있는 이들 나라의 문화
양식이 근대화 및 경제 개발과 상관관계를 이루고 있다는 것을 확인한
까닭이다. 오늘날에는 오히려 서양의 황혼과 아울러 동양의 유교적 이
해를 일련의 구원 신호로 받아들이고자 하는 보스톤식 유교(Boston Con-
fucianims)라는 이해까지 등장하기에 이르렀다.33

그럼에도 급격한 경제 개발로 인한 사회 윤리의 부재 그리고 가정
과 공동체의 급속한 해체 등, 서구 사회가 당면한 여러 가지 숙제들
이 이 사회에서도 빠지지 않는 것 역시 분명한 현실이다. 어처구니
없게도 동양 사회에서 이 같은 문제들이 똑같이 되풀이되고 있다는
점에서 유교적 가치는 여전히 섣부른 판단을 머뭇거리게 만드는 현
재 진행형이다. 일찍이 서구 사회에서 징조가 드러났던 일종의 '천민
자본주의'의 어두운 그림자는, 오늘 우리의 비틀어진 경제 사회 현상
에서 생각지도 못한 돌연변이가 되어 거대한 공룡처럼 끝을 헤아리
기 어렵게 되었다.

이러한 까닭에 최근에는 유교의 전문가를 중심으로 현대 사회에
서 새롭게 자기정체성을 추구하려는 형태의 저술들이 나타나기 시작
했다. 특별히 '공자가 죽어야 나라가 산다'34라는 형태의 인식들은, 유

---

33 Robert C. Nebille, *Boston Confucianism*, Suny Press, 2000)
34 김경일, 『공자가 죽어야 나라가 산다』, 바다출판사, 1999.

교라는 껍데기를 뒤집어쓴 한반도의 정신세계를 짚어 보고 오늘날의 관점에서 그 대안을 찾아보려는 시도라고 여겨진다. 그럼에도 여전히 '나라가 살아야 한다'는 공동체적 사고방식이 여전히 문제의식 속에 도사리고 있다는 점에서, 물음을 제기한 이들에게도 공자가 지녔던 유교적 사유 세계는 뗄 수 없는 큰 유산으로 남아 있는 셈이다.

기나 긴 나름대로의 문화와 역사적 흐름 안에서 형성되어 지금까지도 알맞은 형태의 견제장치를 통하여 움직이고 있는 서구 사회의 틀을, 우리가 아무런 비판이나 씨름 없이 그대로 베껴 사용한다는 것은 매우 어리석은 일이 아닐 수 없다. 까닭에 우리의 역사에서 나름대로 씨름해 왔지만, 잊혀지고 파묻혀 버린 귀중한 보물들을 캐내어 오늘에 맞게 소화시킬 수 있도록 유교 전통에 대한 깨달음과 깊이 있는 성찰이 더욱 절실하게 되었다.

❙ 더 읽을거리

이을호 외, 『한국사상의 심충』, 우석, 1986.

배종호, 『한국유학사』, 연세대학교출판부, 1983.

김경일, 『공자가 죽어야 나라가 산다』, 바다출판사, 1999.

윤사순, 『한국의 성리학과 실학』, 열음사, 1990.

제7장

기독교의 세계

처음 기독교인들이 느꼈던 것은 바로 하나님의 사랑이었다. 그들은 예수의 사랑을 경험하였고, 예수가 하나님의 성육신이심을 확신하기에 이르렀다. 한번 이 사랑을 경험하게 되자 이는 걷잡을 수 없는 것이 되어 버렸다. 그들이 체험한 이 사랑은 기독교적 사랑이라고 부르는 전혀 새로운 탄생을 말한다. 그리스도로부터 비롯된 사랑이란, 죄인과 버림받은 자들 그리고 사마리아인들과 원수들까지도 포괄하는 사랑이다. 고린도 전서 13장에 나타난 유명한 바울의 사랑에 관한 표현은, 단순히 우리가 일반적으로 이해하는 차원에서는 헤아릴 수 없는 것이다.

떠도는 나그네들의 노래

기원전 3천년경 지중해 일대의 고대 이집트는 이미 피라미드의 대역사를 이루어 놓았고, 그 이웃에는 뿌리깊은 전통의 수메르와 악카드 제국이 자리잡고 있었다. 그리고 B.C. 1400년경 페니키아의 세력은는 이미 식민지를 경영하고 있을 정도였다. 이런 강대국들의 틈바구니 속에 부대끼던 유대인들은 거의 눈에 띄지 않는 떠돌이에 불과했다. 아라비아 사막 북쪽 지역에서 방랑하던 조그만 유목 집단이었고, 별스런 군사력도 갖추지 못한 상태였다. 앗수르나 바벨론, 이집트, 시리아와 같은 거대 제국의 역사들과 비교해 볼 때, 이들은 언제나 보잘것없는 무리에 지나지 않았다. 이 보잘 것 없는 무리들을 잊혀질 수 없는 세계 속의 민족으로 이끌어낸 것은, 의미를 찾아 헤매는 그들의 신앙이었다.

초기 히브리인들의 신인동형론적인 사유방식은 매우 단순해 보인다. 여타 주변 민족들과 달리 유대인들은, 절대 타자를 인격적인 것으로 취급하면서도 이 인격주의의 관점 속에서 유일하고 지극히 초자연적 의지를 드러내는 존재로 고백하였다. 당시 이집트 인이나 바벨론 그리고 시리아 및 지중해 일대 사람들에게 있어서 자연에서의 주요한 영향력들은 독특한 신성의 위치를 지니고 있었다.

그러나 히브리 성서에서는, 완전히 색다른 모습을 만나게 된다. 여기에서 자연은 모든 존재의 유일한 주인 되시는 분의 표상에 불과한 것으로 나타난다. 초창기부터 그리고 성서의 초기 기록에서부터, 유대인들은 유일신론자들이었다. 유대인들의 하나님은, 그들 주변 민족들의 신적 특성과는 다르게 서로 간에 비슷한 모습을 갖고 있지 않았다.

희랍인들이나 로마인, 그리고 시리아 인과 대부분의 지중해 사람들은 신들의 속성에 대해 다음 두 가지 모습을 보여준다. 첫째, 무도덕적인 경향이 다분하다는 것이고, 둘째, 인간에 대해서 전반적으로 무관심하다는 것이다. 올림포스의 신들은 줄기차게 아름다운 여인들을 추구하였지만, 시나이의 하나님은 과부와 고아들을 돌보아 주었다. 그리고 메소포타미아의 Anu 신과 가나안의 엘 신은 머나먼 천상의 세계에 머물러 있었다.

그러나 야훼는 아브라함의 이름을 부르면서 다가왔고, 그의 백성을 노예 생활에서 이끌어 내시며, 외롭고 쓸쓸한 바벨론 포로 시절의 유대인들을 돌봐 주셨다. 그분은 의로운 하나님이시고, 자비가 한량 없으시며, 온유가 세계에 충만하시다. 유대인들이 고백하였던 찬양의 외침은 생생하게 이를 드러내준다. "야훼여! 당신 같은 이가 어디 있을까요?", "세상 어느 나라가 당신 하나님을 알겠나이까?"

사람이 무엇이관대

희랍 사상의 대부분은 물질에 관한 한 부정적 견해를 지니는 것이 보통이다. 그러기에 구원이란 것은 영혼을 그것이 담겨진 육체의 그릇에서 끄집어내는 것이다. 그러나 창세기의 첫 부분은 이렇게 얘기한다. "그가 만드신 모든 것을 보시니 심히 좋았더라." 이것은 모든 유대적인 사유 구조의 기초를 이루는 말이고, 결국에는 서구적인 자연관으로 이어지고 있다. 성(Sex)이란 것 역시 좋은 것으로 나타난다. 때때로 엣세네 파와 같은 소수파들이 예외적으로 등장하는 경우도 있지만, 대부분의 유대인들은 결혼을 고귀한 것으로 간주하였다. 이런 맥락에서 부의 불평등을 척결하려 했던 선지자들의 전체적인 기조 역시, 소유란 좋은 것이기에 많은 사람에게 골고루 돌아가야 한다는 믿음이 깔려 있다.

이러한 기본 전제로부터 다음과 같은 세계관이 나타난다. 첫째, 인생에 있어 물질적 삶은 중요한 것이다. 둘째, 물질은 구원 그 자체의 조건에 참여할 수 있다. 셋째, 자연은 신성을 담아내고 있다. 이러한 인식 아래서 유대인들은 인간의 한계를 정확히 깨닫고 있었다. 그러므로 다음과 같은 고백을 되풀이한다. '사람이 무엇이관대 하나님께서 인간을 돌보아주시는가?'(시8;4) 일반적으로 유대적 인간관에서는 육체적 제한성에 대한 적나라한 견해들을 확인할 수 있다. 연약함과 고통에 대한 감수성, 그리고 인생의 덧없음 등이 그것이다. 그리고 인간 존재는 연약할 뿐만 아니라 동시에 죄인이기도 하다.

그러나 이러한 '절망감' 속에서도 유대인들은 여전히 인간의 자유를 결코 포기하지 않는다. 유대인의 인간 이해가 특별한 이유는, 인간의 연약함을 배제하지 않으면서도 아울러 그 무한한 존엄성을 확인해 준다는 점이다. 인간은 티끌이기도 하지만 동시에 신성을 지닌 보물단지이다. 첫 번째 기록된 인간의 행동은 자유선택이었다. 에덴동산의 선악과 사건을 보면, 비록 뱀의 유혹이 있긴 했지만 아담과 이브는 이를 거부할 수도 있었다. 게다가 인간의 삶 속에서 지닐 수 있는 가장 창조적인 요소는, 삼라만상에 이름을 붙여 조물주의 창조를 이어나가는 멋진 달란트이다. 모름지기 인간이란 죄악으로 빗나가 버리는 모습을 경계하면서 늘 심판을 기다리는 존재이다. 허락된 자유를 남용하지 않으며, 부끄럽지 않는 삶을 살아야 한다. 그래야만 삶에서 겪게 되는 소외와 방랑과 냉엄한 현실을 마주할 수가 있는 것이다.

이 땅에서 만나는 하나님의 나라

유대인에게 있어서 역사는 결정적 의미를 지닌다. 우리 인생에서 겪게 되는 상황과 사건은 모든 면에서 삶에 영향을 미치게 마련이다. 아담과 노아에게 있어 그들이 처한 에덴 동산과 홍수 사건은 인생의 본질을 일깨우는 사건이며, 그들 삶의 양식을 해명하는 주요한 요소이다. 이처럼 성서에 나타난 사건들은 매우 상황적이다. 또한 상황 속에서 벌어지는 집단적 행동 역시 그러하다. 이것을 보통 사회적 행위라고 부르는데, 상황을 변화시키는 유일한 방법은 공동의 작업으로 이루어진다. 애굽에서의 히브리 노예들은 집단적으로 봉기했고, 이를 통해 사막으로 탈출해 나갔다.

유대인들에게 역사는 또한 기회의 자리이기도 하다. 하나님에 의해 다스려지는 이 땅의 삶에서 우연적인 것이란 없는 법이다. 야훼의 손이 모든 사건마다(에덴동산, 홍수, 출애굽, 바벨론 포로) 역사하면서, 그 백성들을 끊임없이 일깨우는 것이다. 한편 역사의 모든 사건이 중요하겠지만, 똑같은 비중을 갖는 것은 아니다. 시간과 장소에 따라 어떤 이들에게는 같은 경우에도 기다려야만 할 때도 있다. 그러므로 역사는 끊임없이 기다리며 주의 깊게 살펴야만 한다. 기회가 사라지면 다시 오지 않기 때문이다.

이로 말미암아 다음과 같은 히브리적 사고가 잉태되었다. 첫째 특정한 역사의 순간에 있어서 하나님이 직접 개입하신다는 사실에 대한 신앙이고, 둘째는 하나님이 손수 내미시는 손길에 응답하여 선택받은 민족 의식이다. 이 두 가지는 아브라함 설화에 생생하게 드러난다. 태초로부터 이 세계가 끊임없이 타락해 간다는 인간 이해를 담은 불순종 설화에 뒤이어 형제 살인 사건, 잡혼과 근친상간 그리고 이 모든 혼란을 씻어내 버리는 홍수 등이 진행되는 동안, 하나님은 말이 없으시다. 수메르 문화가 지배하던 막바지 무렵에 이르러 하나님은 아브라함을 부르시고, 아브라함은 이 부름에 응답한다. 그는 첫 번째 히브리인이었고, 첫 번째 '선택된 민족'이 되었다.

무엇이 그들로 하여금 역사를 이러한 구체적 의미로 받아들이도록 만들었는가? 이스라엘의 역사적 시각이 인도나 고대 근동 지역의 여타 다신론들과 차이를 보이는 것은, 바로 그들의 특이한 하나님 이해에서 비롯된다. 유대교에 있어서 신의 세계를 이해하는 것과 실제로 드러난 현실 사이에는 긴장관계의 역사가 등장한다. 당위와 현실 사이의 날카로운 긴장감이 자리 잡고 있다. 이렇듯 유대 전통에는 언제나 사회적 변혁의 실마리를 가슴에 품고 살아가야 하는 깊은 강이 흐른다. 마땅히 이루어져야 할 것이 되지 않을 경우에는 어떤 형태로든 변화가 일어나게 되는 것이다. 그리고 이른바 예언자들은 이러한 형태를 정착시켰다.

예언자의 세계

유대 전통에 있어서 빠뜨리지 말고 살펴보아야 할 부분을 꼽는다면, 무엇보다도 예언자라고 부르는 무리들이다. 예언자나 예언에 대해서 말하게 되면, 흔히 점쟁이(앞날을 족집게처럼 말하는 사람들)를 연상하곤 한다. 예언자(Prophet)라는 말을 희랍어에서 풀어 본다면 '어떤 것을 위해 말하는' 사람이라는 의미를 가진다. 이는 원래 히브리적인 의미와도 상통하는 것이다. 이스라엘에서의 예언 운동을 조감해 보면, 한 가지 현상으로만 나타나지 않는다. 모세의 경우는 매우 독자적인 부류에 속하는 편이고, 여타 예언자 그룹들은 각각의 사역 형태에 따라 세 가지 단계로 나누어 볼 수 있다.

첫 번째 경우는 예언자 집단이다. 삼상 9-10장 사이에 보면 예언자들은 무리나 떼를 지어서 여행을 하는데, 이런 경우 예언은 많은 군중 가운데 이루어지는 현장 사건의 형태이다. 음악과 가무의 형태가 어우러지는 가운데 예언자 무리는 열광적인 상태로 빠져들면서 일련의 작업을 수행한다. 무리들은 모두 자아의식을 벗어나 집단적으로 신들린 분위기에 휩싸여 제의를 진행해 나아간다. 이러한 예언에 있어 윤리적인 차원을 찾아보기 힘들다.

두 번째 형태에 이르면 윤리적 요소가 등장하는데, 흔히들 이를 가리켜 '문서화 이전의 개인적 예언자'라 부르기도 한다. 아직 문서화 이전 단계이기 때문에 그들 이름으로 된 문서가 성경에 남아 있지 않다. 신들린 상태에 관한 묘사가 여전히 남아 있으며, 기적적인 현상도 마찬가지다. 그러나 두 가지 점에서 차이가 드러나는 바, 그들은 예언자 집단에서 비롯되었지만 홀로 신적 계시를 받고 있으며 신의 계시가 그들에게 분명한 형태로 나타난다.

세 번째 형태는 예언자 운동의 절정을 이루는 문서화된 예언자들이다. 익숙한 이름의 아모스, 호세아, 미가, 예레미야, 이사야가 바로 그들이다. 여기에서도 신들린 상태가 체험되고, 윤리적 강조점이 계속되지만 한 가지 매우 중요한 발전을 보여준다. 이들이 사회적 구조 속에 감추어져 있던 암적 요소들을 예리하게 파헤쳐 내기 때문이다. 이처럼 문서 예언자들은 대담하게도 사회 구조와 억압된 제도적 타락에 대해 도전하였다.

문서 예언자들은, 자신이 살고 있는 시대가 불평등과 특권의식 그리고 극악무도한 풍조로 뒤덮인 부정의한 사회임을 발견하였다. 재물은 일부 부유층에만 집중되어 있었고, 가난한 이들은 가축과 같이 취급당하면서 노예로 팔리고 있었다. 채무자들은 신 한 켤레 값으로 거래되기 일쑤였고, 주인들은 마음대로 노예들은 처분할 수 있었다. 여성들은 남성들의 종속물에 불과하였고, 버려진 아이들은 외진 곳에서 죽어가는 현실뿐이었다. 까닭에 이들은 담대히 일어나 외치기 시작하였고, 그들 속에 흐르는 샘물은 바로 하나님 말씀이었다.

사회경제적 약자를 외면하고 있었던 이런 윤리적 결핍 증세는, 당시 유대 정치 체제에 있어 심각한 사태 중의 하나였다. 게다가 또 다른 우환, 즉 외부적인 위협도 도사리고 있었다. 동쪽으로는 거대한 식민 제국인 앗수르와 바벨론, 남쪽으로는 이집트, 북쪽으로는 페니키아와 시리아 같은 강대국의 틈바구니에 끼었다. 게다가 남북으로 갈라져 있던 이스라엘과 유대는 그야말로 천 길 낭떠러지 끝에 매달려 있는 꼴이었다.

어떤 대안도 불가능해 보이는 그런 처지에서 그들은 나라의 기강을 바로 잡으라는 하나님의 경고를 찾아내었다. 정치적 안정의 전제 조건은 사회적 정의이다. 사회가 썩어들어 가기 시작하면 오래 견디지 못하는 것은 두말할 나위가 없다. 사실 이러한 사회적 정의라는 명제는 초기에 나타난 야훼의 사랑의 원리를 폭넓게 바라보는 것이다. 전반적으로 예언자들은 정의보다 사랑을 강조한 시편 기자와 같은 맥락에 서 있다.

이들에게는 모두 한 가지 공통점이 있었다. 모든 인간은 그 자체로 하나님의 자녀가 되며, 왕이라도 어찌 할 수 없는 고유한 권리를 갖는다는 확신이다. 예언자들이 전개한 역사는 매우 생소한 것이었으며, 동시에 근본적이고도 돌발적인 저력을 지니고 있었다. 그들은 그 시대 사람들과는 남다른 별세계에 살았다. 요란한 형식과 겉치레뿐인 성전, 재물이나 화려한 외모와는 상관 없이 그들은 순수성과 정의 그리고 자비에 터하고 있었다. 바로 이러한 예언자들의 끊임없는 선포 속에서 세상 모든 나라의 정의와 사랑을 바라는 하나님 말씀의 기나 긴 발걸음이 시작되었다.

메시아니즘의 비밀

문자적으로 메시아라는 말은 "기름부음을 받은 자"라는 뜻이다. 대부분 왕이나 대제사장들이 기름 부음을 받는 것이기에, 이 말은 존경을 받게 되는 것 혹은 '선택된' 사람을 의미하는 동시에 영광스러운 칭호가 되었다. 일찍이 바벨론 포로 기간 동안에 유대인들 사이에서는, '추방된 백성들을 모아' 자신들의 고향땅으로 되돌려 보내 줄 만한 구원자를 대망하는 상징이 자리 잡게 되었다. 그리고 2차 성전 파괴 이후(A.D. 70)에는, 이 오매불망 '메시아'라는 칭호는 방랑 상태(디아스포라)로부터 그들을 구원할 사람을 지칭하는 말로 바뀌었다. 여기에 활력을 주는 개념은 언제나 소망이었는데, 첫째는 민족적이며 정치적 차원이었고 둘째는 우주적 차원이었다.

중요한 사실은 어떻게 메시아적 시간의 도래를 이해했는가의 문제이다. 어떤 이들은 실제로 사제나 임금같이 하나님의 대리자로서 새로운 질서를 가져오는 메시아를 기다렸다. 다른 한편, 하나님께서는 여타 인간적 대리인을 세우지 않고 직접 개입하신다고 생각하는 이들도 있었다. 메시아주의자들 간의 차이점은, 새로운 질서 체계가 이전의 역사와 연속적인 것인가 아니면 이 세계를 근본적으로 부정하면서 종말의 때에 전혀 다른 형태의 초자연적인 시간(aeon)으로 대치되는가의 문제였다.

이러한 가운데 예언자들 속에서 드러나고 있는 묵시문학적 요소들은 점차 실현 불가능한 군사적 승리의 요소를 대치하기 시작했다. 이러한 흐름으로 인하여 메시아적 시간은 어느 때에라도 돌연히 전격적으로 일어날 수 있는 모습을 띠게 되었다. 까닭에 묵시적 형태 역시 유토피아적 요소를 담게 되었다. 이 메시아적 이념은, 상호 대극적 요소들에 의해 비롯되는 긴장감을 통하여 활력을 띠게 되고 또 끊임없이 이어진다. 그들 사이의 균형은 유동적일 뿐이며, 어떤 때는 급변하기도 한다. 특별히 종교에서의 묵시문학적 흐름은 역사적 사건이나 선포자의 개인적 성격에 좌우되기에, 자칭 메시아라고 불리는 이들이 갖가지 모습으로 많은 추종자들을 이끌어내기 마련이다.

한편 이스라엘인들이 독립된 정치적 삶을 누리던 때에는 윤리적 성결함이나 지상의 행복 같은 요소가 강조되었고, 정복과 포로 생활 중에는 정치적 자유에 대한 열망이 더 지배적이었다. 세계적으로 국가가 평화를 이루는 시기에는 우주적 형태의 평화 분위기가 지배적이며, 고난과 역경의 시기에는 민족주의적 요소가 전면에 부상하게 된다. 그러나 전체적으로 볼 때 정치적 요소는 윤리적 요소와 결부되어 있으며, 민족주의 요소 또한 세계 보편적 이해와 맞물려 있다.

기독교 신앙이 자리 잡으면서 이러한 사조는 그리스도의 재림이라는 신앙 교리의 형태로 모습이 바뀌어 나타나게 되었다. 또한 근대 17세기 유럽에서는 진보 이념의 모습으로 사회에 투영되어 비추기도 하며, 19세기에 이르러서는 자본주의 체제의 모순에 근거하여 계급 없는 사회를 꿈꾸는 마르크스주의의 구호일 때도 있었다. 오늘날에도 마틴 루터 킹 목사 같은 이는 1963년 워싱턴의 시민 권리 쟁취를 위한 행진 중에 예언자 이사야의 말을 빌려 수십만 대중들에게 그가 품은 생각을 극적으로 선포하기도 하였다.

역사적 예수 찾기

기독교는 본질적으로 역사적인 종교이다. 분명한 사실은, 예수가 유대인으로서 목수의 삶을 겪었다는 것과 33세경 죄인으로 처형 받았다는 것이다. 그는 대략 B.C. 4년경 헤롯 대왕의 치리를 받던 팔레스티나에서 출생하였다. 나사렛에서 성장하였고, 당시 임박한 하나님 나라를 선포하여 온통 떠들썩하게 만들었던 예언자 요한으로부터 세례를 받았다. 30대 초반부터 그는 가르치는 일과 치유의 생애를 보냈는데, 이는 대략 1년에서 3년 정도 지속되었고 대부분 갈릴리를 중심지로 활동하였다. 이러한 활동으로 그는, 자기 동족들의 종교적 적대감을 유발시키고 로마의 의심을 받게 되어 예루살렘 근방에서 십자가형을 받게 되었다

예수는 초기 히브리 역사에 근거하는 전통에 서서 감화력 있는 기적의 역사를 이루어낸 인물이었다. 이처럼 예수가 유대 전통의 맥락에서 영성의 매개자 위치에 있었다는 것은 매우 중요한 이해이다. 이런 전통의 선구자는 세례 요한이었다. 그는 예수의 세례 사건을 통하여 "하늘이 열리고 성령이 비둘기처럼 그에게 강림하시는" 영적인 능력에 대해 첫 번째 증언을 하였다. 성령에 감화되었던 성경의 인물들은 한결같이 능력을 소유하고 있었다. 병을 치유하고, 귀신을 쫓아냈으며, 때로는 폭풍을 잠잠케 하고, 물을 가르며, 죽은 자를 다시 살려내기도 하였다. 그런데 복음서에서는 이 수많은 기적과 능력을 한

결같이 예수에게로 돌리고 있다.

정치적으로 볼 때, 예수 당시의 유대인들은 거의 한 세기 가까이 로마의 속국으로 있었으며, 자유를 상실한 채로 과중한 세금에 시달리고 있었다. 현실적인 곤경에 처해 있던 그들은 대략 네 가지 성향을 보여주었다. 첫째 부류는 상대적으로 보아 부유한 계층에 속해 있는 사두개인들이었다. 이들은 현실적으로 열악한 상황을 애써 외면하며, 헬라적 문화나 로마 통치에 영합하려는 모습을 보여준다. 그러나 나머지 그룹들은 어떤 형태로든 변화를 열망하였다. 그들 중 두 그룹은 갱신 운동을 시작하였다.

우선 엣세네 파의 경우는, 세계가 너무 타락하여 유대교 자체 내에서는 갱신이 불가능하다고 보았다. 까닭에 소유를 나누는 공동체로 모였고, 애오라지 엄격한 경건 훈련의 삶을 실천하였다. 또 다른 그룹이었던 바리새인들의 경우에는, 유대 공동체 안에 머물면서 모세의 법 특히 성결법을 철저히 준수함으로써 유대교를 다시 일으켜 세우려고 하였다. 마지막으로 네 번째 부류는 흔히 열심당(Zealots)이라고 불리는 이들인데, 이들은 무장 투쟁과 힘이 없이는 아무런 변화가 일어날 수 없다고 보아 끊임없이 저항운동을 일으켰다. 결국 이들은 A.D. 66-70년경 결정적인 반란을 도모하다가 예루살렘 성전의 2차 파괴를 겪으면서 애처롭게 역사 너머로 사라졌다.

이러한 소용돌이 속에서 예수는 제5전선으로 등장하였다. 사두개파와는 달리 그는 변화를 지향하였고, 동시에 엣세네 파와는 달리 세상을 등지기보다는 세계 안에 머물러 있었다. 또한 물리적 힘을 내세우는 이들과는 달리 평화를 사랑하였는데, 심지어 원수까지도 사랑해야 한다고 주장하였다. 바리새인의 입장은 예수와 가장 유사한 점을 보여주는데, 다만 한 가지 점에서 차이를 보여준다. 즉 바리새인들은 야훼의 거룩성을 내세운 반면, 예수는 야훼의 사랑과 자비를 먼저 말하였다. 그러나 바리새인들에게도 야훼의 사랑 역시 중요한 요소였음이 틀림없었고, 예수 역시 거룩함을 강조하기는 마찬가지였다.

문제는 성결법에서 서로 다른 이해가 부딪치는 것인데, 이는 사람들을 정죄하는 문제를 말한다. 이로 인해 유대 사회는 장벽으로 갈라져 버린 사회 구조를 낳았다. 정결한 자와 부정한 자, 깨끗한 것과 오염된 것, 성스러운 것과 속된 것, 유대인과 이방인, 의인과 죄인을 확연히 구별하는 식이다. 그런데다가 예수는 식민지 앞잡이였던 세리장이들과 마주앉았고, 소외자나 죄인들과 식탁을 나누었다. 게다가 창녀들과도 스스럼없이 어울렸고, 불쌍한 병든 이들을 보면 안식일임에도 불구하고 서슴없이 이적을 행하셨다. 이로써 그는 현존하는 질서의 한계에 도전하는 동시에 공동체의 새로운 비전을 제시하는 비범한 예언자로 바뀌어 갔다.

예수는 분명 유대인이었지만 동시에 날카롭게 유대교와 대치하고 있었다. 당시에 행해진 정결 규칙들은, 바리새인들 스스로도 원칙적으로는 동의하고 있는 하나님의 자비로움을 희석시켜 버리고 사회적 분열을 조장하기 때문이었다. 문제는 성결법전의 결과로 잉태되는 사회 구조가 과연 자비로울 수 있겠느냐 하는 것이다. 정작 예수 자신은 바리새인들과 그다지 어색한 관계는 아니었다. 그러나 로마 당국을 자극하기에 충분한 것이었기에 예수는 체포되었고 결국 유대인의 왕이라는 반역죄로 형장의 이슬이 되었다.

신앙의 그리스도

초기 교회의 구성원들에 의해 기록된 복음서 내용들은, 그의 행적에 대한 놀라운 일들로 이루어져 있다. 특별히 마가의 경우에는 구구절절이 이적 기사로 가득 차 있는 것을 볼 수 있다. 사실 예수는 그의 이적을 강조하지 않았고 오히려 이 같은 행태를 엄히 경계했다. 게다가 사람들을 믿게 하기 위한 수단으로 이를 이용하지도 않았다. 이런 예외적 행위의 대부분은 대중과는 별도로 조용히 진행되었으며, 다만 그 속에서 신앙의 힘을 나타내 보였을 뿐이다. 더구나 기적이 일어난 부분에 대한 다른 기록을 보면, 이것은 하등 신격을 드러내는 징표로 이해되지도 않는다. 다만 특이한 능력들 지닌 기적 행사자였다는 것에 그치고 있다.

예수의 제자들이 말하는 강조점에 착안해 보면 예수의 행위를 더 잘 이해할 수 있다. 베드로는 무리들에게 설교하는 가운데 예수가 생전에 하시던 일들을 간단하게 요약하였다. "그는 선한 일을 행하셨다"(행10:38)는 것이다. 그는 아무런 사심 없이 여기저기 보통 사람들과 소외자들 사이를 돌아다니면서 그들을 치유하고 위로했으며, 절망의 늪에서 헤어 나오도록 뒤치다꺼리를 했을 뿐이다. 그의 성실함과 진지한 노력은, 함께 있던 자들로 하여금 그가 새로운 대안이 될 수 있다는 평가에까지 이르게 하였다. 그들은 하나님의 신적인 선하심이 인간의 형태로 임하셨다는 생각에까지 미치게 되었고, 이러한 모습은 고백을 통해 현실로 드러났다.

그러나 당대의 사람들이 새로운 차원에서 그를 생각한 것은, 비단 그의 행위 때문만이 아니라 그의 말씀 역시 마찬가지였다. 예수의 모든 교훈은, 구약성서나 그 주석인 탈무드에 비슷한 이야기들이 엿보인다. 그럼에도 예수의 언어는 단순성과 집약성 그리고 생동감 있는 성격을 담고 있다. 물론 이는 위대한 종교문학의 구성 요건을 이루는 것이었지만, 단순히 그럴듯한 말 꾸미기에 그치지 않았다. 하늘의 말씀으로서 생생한 메시지를 담고 있었다는 말이다.

그리고 예수의 언어에 있어서 눈길을 끄는 요소는 초대 형식의 글이다. 사람들에게 행위와 믿음을 강요하는 식이 아니라 문제를 달리 보도록 초대하는 것이고, 그들이 만약 그렇게 실천한다면 모든 일이 저절로 변화될 것이라는 믿음을 주는 것이었다. 예수가 말한 이런 은근하면서도 뚱딴지같은 언어 형태는, 신약성서의 기록에 나타난 모든 언명들을 종합해 보아도 2시간 정도의 말거리밖에 되지 않는다. 그럼에도 사람들이 다음과 같이 말하게 되었다. "이 사람의 말은 권위가 있다. … 이 같은 사람은 이때껏 본 적이 없다."

이제까지 예수의 사역과 그의 말에 관해 살펴보았다. 그러나 이것만으로 그가 신이라는 결론에 이르지는 못하는 바, 세 번째 요소 그는 누구신가라는 정체성의 문제가 남아 있기 때문이다. 무엇보다도 예수의 교훈에 있어 두드러진 사실은, 그가 그것을 가르쳤다는 사실보다는 그 말씀대로 사셨다는 점이다. 그의 모든 생애는 겸손과 자기포기, 그리고 타인들을 위한 사랑으로 점철되어 있다. 그는 모든 사람들을 사랑했으며 사람들 또한 그를 좋아했다. 그의 영적인 능력에 감화되었을 뿐만 아니라, 그의 자비로움에 매료되었기에 그를 둘러싸고서 무리지어 그를 좇았다. 결국 그는 인간적 이기심이 전혀 없으며 삶 전체가 하나님의 뜻에 온전히 합하여진 사람으로 비쳐지게 되었다. "우리가 그의 영광을 보았는데 … 은혜와 진리가 충만하더라.(요1;14)"

부활 신앙과 세워진 교회

예수 부활의 신앙은 교회와 기독론을 잉태했다. 부활이란 것은, 십자가의 그늘에 가려져 있던 예수의 모습을 우주적 의미로 완전히 역전시켰다. 나약하게 쓰러져 버리는 그분 안에서 체험했던 사랑이 불꽃같이 되살아났고, 모든 것의 종말처럼 보였던 죽음 그 자체와 모든 것을 극복하는 승리가 되었다. 이 확신은, 비참하게 제거당한 지도자를 따르던 나약한 12제자들을 인류 역사상 가장 역동적인 사람들로 변화시켜 놓았다. 그들에게 불의 혀 같은 것이 임했고, 웅변가도 아니었던 이들은 거침없이 말씀을 토해내었다. 이들이 그리스-로마 세계로 퍼져나가서 소위 복음이란 것을 선포했는데, 이 말의 문자적인 의미는 복된 소식이라는 말이다. 예루살렘의 다락방에서 출발했던 그들은, 당대에 벌써 지중해 일대의 주요 도시에 확고하게 보금자리를 마련하기에 이르렀다.

특별히 그들의 삶 속에는 다음과 같은 특징이 드러난다. 첫 번째는 상호 존경의 모습이었다. 이는 '평등의 제자 정신'을 말한다. 이들은 모든 사람이 평등하다는 것을 말했을 뿐만 아니라, 그 말대로 실천했던 사람들이었다. 관습적으로 내려오던 인종과 성 그리고 신분의 차이란 그들에게 아무런 의미가 없었다. 그리스도 안에는 유대인이나 이방인, 남자나 여자, 노예나 자유인의 구별이 없었기 때문이다. 결과적으로 기능이나 사회적 지위의 차이점에도 불구하고, 그들의 관계는 진정한 평등의 형태를 지니고 있었다.

처음 기독교인들이 느꼈던 것은 바로 하나님의 사랑이었다. 그들은 예수의 사랑을 경험하였고, 예수가 하나님의 성육신이심을 확신하기에 이르렀다. 한번 이 사랑을 경험하게 되자 이는 걷잡을 수 없는 것이 되어 버렸다. 그들이 체험한 이 사랑은 기독교적 사랑이라고 부르는 전혀 새로운 탄생을 말한다. 그리스도로부터 비롯된 사랑이란, 죄인과 버림받은 자들 그리고 사마리아인들과 원수들까지도 포

괄하는 사랑이다. 고린도 전서 13장에 나타난 유명한 바울의 사랑에
관한 표현은, 단순히 우리가 일반적으로 이해하는 차원에서는 헤아
릴 수 없는 것이다.

당시 지중해 일대에 복된 소식을 널리 전파했던 초기 기독교인들
은, 결코 자신들이 혼자라고 느끼지 않았다. 예수가 자신들 속에 구
체적으로 살아 움직이는 원동력이 되었다고 믿었기 때문이다. 당시
세상 사람들은 그들을 가리켜 그리스도인이라는 별명을 붙였다, 이
는 문자적으로 메시아의 무리라는 뜻인데, 예수를 예언자들이 말한
구원자로 믿었기 때문이다. 그들은 자신에 대해 '에클레시아', 즉 그
리스어로 '부름 받은 자들', '구별된 자들'이라는 뜻의 이름을 붙였다.
인간들이 모여 이루어진 것으로되 그리스도의 현존이 있기에 가능한
모임이었다. 그래서 이 임재하심은 더 이상 가시적인 것이 아닌 영적
인 차원이 되었다.

특히 바울은 인간의 몸을 비유로 들어 그리스도의 모습과 교회를
상징적으로 설명하였다. 초기 기독교인들에게 있어서 이러한 비유
는, 자신들의 신앙적인 삶을 표현하기에 아주 안성맞춤이었던 것으
로 보인다. 교회란 그리스도의 신비한 몸이다. 여기서 신비적이라는
말의 뜻은 초자연적이며 깊고 헤아리기 어렵다는 뜻이지 비현실적이
라는 말은 아니다. 그리스도의 인간적 형체는 지상을 떠났지만, 그의
남겨진 사역은 머리가 되심으로 새로운 몸으로서의 교회를 통해서
계속 이어지게 되었다. 이 신비적인 몸의 체험은 성령의 감화력을 통

해 오순절 기간 동안 예루살렘의 '다락방'에서 실현되었다.

그리스도가 머리 되시고, 성령이 이끌어 주시며, 모든 기독교인들은 그 세포를 이루는 것이다. 처음에는 미약하지만 유기체인 몸은 서로의 손길을 느끼며 무럭무럭 커 나가게 마련이며, 조직을 이루는 세포 하나하나는 이러한 작업에 바탕이 된다. 그들은 머리 되신 주님으로부터 생명력을 얻고 있으며 동시에 그 생명력에 이바지한다. 기독교인들은 이제 그리스도의 인격으로 한 몸을 이루는 것이다. 이렇듯 교회에 대한 이해를 마무리한 기독교인들은 다음과 같은 이중적 측면을 보게 되었다. 즉 사람들 속에 그리스도와 성령이 거주하며 은혜와 사랑으로 가득할 때 교회라는 모임이 완벽해질 수 있지만, 만약 인간적 오류로 뒤범벅되어 있다면 완성에 이를 수 없다는 점이다. 이렇듯 교회 공동체의 세속적 측면은 항상 비판의 여지가 있는 셈이다.

일련의 자유주의적 개신교인들은, 일찍이 종교적 제국주의의 구호에서 비롯된 '교회 밖에는 구원이 없다'는 역사적 주장을 단연코 거부한다. 동시에 다른 극단적 기독교인, 즉 보수주의자들은 명시적이고 공식적인 기독교인밖에는 구원받지 못한다는 점을 분명히 한다. 그러나 또 다른 기독교인들은 이 문제에 대해 가시적 교회와 불가시적 교회를 구분함으로써 해결해 나아간다. 가시적 교회란, 외형적으로 지상에 구성되어 있는 기관으로서의 교회에 공식적으로 몸 담고 있는 사람들로 구성되는 것이다. 이렇듯 가시적 교회를 넘어선 곳에 비가시적 교회가 있는데, 이것은 어떠한 외형적 형태에 얽매이기보다는 하늘이 내려 주신 빛에 따라서 최선의 삶을 사는 사람들의 모습까지도 담아내고 있다.

변화된 세계와 고백신앙들

처음 제자들이 예수에게 이끌린 것은, 무엇보다도 그들의 삶의 자리에서 자연스레 이루어진 사건에서 비롯되었다. 그러나 복음이 팔레스티나를 넘어 희랍 문명에로 퍼져나가게 되자, 기독교인들은 다양한 공동체 구성원들과 타인들에게 이러한 복음의 자리를 해명해 줄 필요성을 느끼게 되었다. 여기서 비로소 기독교 신학이 탄생하게 되었으며, 따라서 교회는 뜨거운 가슴뿐만 아니라 차근차근 설명하기 위해 머리를 맞대고 지혜를 모으기 시작하였다. 이로써 기독교의 주요한 세 가지 교리가 자리 잡게 되는 바, 그것은 성육신과 은총론 그리고 삼위일체론이다.

먼저 살펴보아야 할 것은 성육신 교리인데, 이것이 완전한 형태로 교회에 자리 잡기까지는 수 세기가 필요하였다. 하나님께서 그리스도 안에서 인간의 몸을 입으셨다고 말하는 이 교리는, 그리스도가 온전한 하나님이며 온전한 인간이라고 고백하는 것이다. 이렇듯 역설적인 주장을 내세우는 것은, 당시 희랍 세계에서뿐만 아니라 오늘날에도 꽤나 입장을 난처하게 만드는 것이다.[35] 예수가 인간이지만 동시에 하나님이라고 주장하면서 교회가 말하려고 했던 것은, 그의 생애가 인간의 삶을 바로 잡아주는 푯대였다는 점을 강조하는 것이다. 여기서 말하는 예수의 삶이라든지 하나님의 의지라는 것은, 지중해 세계에서 알려진 것과는 완전히 다른 하나님 이해를 보여준다. 기독교에서 고백하는 신앙 신조는, 하나님이 인간과 스스럼없이 어울리시며 인간을 위해서 고난을 마다하지 않으시는 파격을 보여준다.

특히 기독교 신조들은 그의 완전한 인간성에 집중적으로 주목하고 있다. 올림포스의 신들은, 유사신성(homoiousios)과 유사인성이라는 종교적 이해를 배경으로 하고 있다. 고백신조에서 강조하는 예수는 이런 형태와는 다르다. 예수의 경우, 완전한 인간성에 임하신 절대적 신성이라는 것을 말한다. 심지어 교회의 첫 번째 신조, 즉 사도신경의 경우에서 신성의 관점이란 거의 논의되고 있지 않다. 로마 문화의 배경 아래 진술된 사도신경의 단점을 지적한다면 그리스도는 그야말로 인간과 너무 똑같다는 사실이다. 그는 세상에 태어났고, 실제로 고난 받았고, 실제로 죽어 장사 지냈다. 그리스도는 사람과 똑같이 이 모든 아픔을 겪으셨다는 것이다. 그는 '진실로 사람'이었기 때문이다.

---

35 칼케돈 회의의 신조를 보면, 예수 그리스도는 "동시에 온전한 하나님성과 온전한 인간성을 지닌다. 참 하나님이고 참 인간이다. … 한 본질은 아버지로서의 그의 신성을 말하는 것이고 동시에 한 본질로서는 우리와 같은 인간성인 것이다. 모든 면에서 우리와 똑같으시나 죄에서는 구별되신다."고 고백한다.(Homoousia) 니케아 신조에서 "그리스도는 아버지와 동등 본체시다"라는 말은 예수가 하나님이란 말이다.

속죄론의 어원적 의미는 화해를 의미하는데, 이는 온전함 내지는 일체감(at-one-ment)이라고 생각할 수 있다. 기독교인들은 그리스도의 삶과 죽음이 하나님과 인간 사이에 화목을 이루셨다고 확신한다. 바울은 말한다. "그리스도 안에서 하나님은 세상을 자기와 화목하게 하였다."(고후 5;19) 이러한 연합에 이르지 못한 존재는 불행할 수밖에 없다. 그는 이러한 자신을 발견하고는 다음과 같이 부르짖는다. "누가 이 사망의 구렁에서 나를 구할 수 있을까?"(롬 14;24) 그리스도인들의 고백에 의하면, 해방을 이루어내고 존재의 근거를 회복시켜 주는 힘은 바로 그리스도이다.

세 번째로 중요한 기독교 교리는 바로 삼위일체론이다. 삼위일체론의 신학적 교리는 4세기에 이르러서야 비로소 형성되었지만, 이것을 형성하고 있는 뿌리는 이미 초대교회 때부터 비롯되었으며, 사실상 이러한 고백의 체험이 교회를 탄생시켰다. 여기서 하나님은 관계를 갖지 않고서는 결코 진정한 하나님이 될 수 없음을 강조한다. 이 세 가지 하나님의 인격이 서로 교통하면서 '창세 이전부터' 인간을 굽어 살피시는 모습을 담고 있기 때문이다.(엡 1;4) 이는, 유대 문화에서 출발하여 하나님 나라의 뜻을 밝히려던 초기 기독교 공동체가 희랍 사회라는 새로운 다문화 상황에 직면하여 자신의 정체성을 밝히면서 동시에 복음을 널리 퍼뜨리려는 일련의 해석학적 토착화 과정에서 잉태한 산물이었다.

로마 가톨릭 교회

초기 기독교부터 오늘날까지의 기독교를 고찰해 보면, 크게 세 가지 형태로 나누어진 교회 모습을 볼 수 있다. 우선 로마 가톨릭은 바티칸을 중심지로 하며, 분포되어 있는 곳이 중부 및 남부 유럽 일대, 아일랜드와 남아메리카 등이다. 동방 정교회는 주로 그리스와 슬라브 국가들 그리고 구 소련 지역 등에 분포되어 있고, 마지막으로 개신교는 주로 북부 유럽과 영국, 스코틀랜드 그리고 북 아메리카 일대에 퍼져 있다. 초기 기독교는 로마 당국의 박해 속에서 견뎌야 했고, 4세기 초반에야 비로소 공식적으로 인정을 받았다. 이로써 기독교는 제국의 여타 종교들과 동등한 권리를 누리게 되었고, 나아가 392년 이교 금지령으로 인해 마침내 로마제국의 국교 자리에 오르게 되었다.

로마 제국의 수도 이전과 아울러 정치, 군사, 문화적인 여러 가지 이유로 동로마와 서로마의 역학 구도가 형성되자, 교회 역시 동방교회와 서방교회의 전통이 나름대로 자리 잡게 되었다. 1054년에 이르러 공존이 어려울 정도로 서로 틈이 갈라지게 되면서, 동쪽에는 동방 정교회 그리고 서쪽으로는 로마 가톨릭 교회가 공식적으로 나누어지게 되었다. 이 분열의 밑바탕에는 지리적·문화적·언어적·정치적인 문제가 종교적인 요소와 복잡하게 얽혀 있다. 다음으로 커다란 분열은 16세기에 서방 교회에서 일어났던 개신교의 종교개혁이었다. 그럼에도 오늘날 광범위한 형태의 교회 연합 운동으로 말미암아, 이러한 다양한 교회들은 어느 정도 구심점을 갖게 되었다.

이러한 전 이해를 기반으로 하여 로마 가톨릭을 이해해 볼 때, 우선 주요한 두 가지 개념을 말할 수가 있다. 즉 교육적 권위자로서의 위치를 갖고 있는 교회와 예언적 도구가 되는 교회의 이해이다. 우선 교회는 교육적 권위자로서의 위치를 갖는다. 여기에서는 인간들을 구원에 이르도록 이끄시기 위해 하나님께서 예수 그리스도의 인격으로 이 땅에 오셨다고 말한다. 성서를 사사로이 해석하게 놓아 둔다면, 걷잡을 수 없는 혼란이 뒤따르게 될 것이 분명하다. 교회와 같이 교육적 권위자가 이를 인도하지 않으면, 성서 연구는 사람에 따라 중구난방이 되고 결정적 주제까지도 상실한다는 것이다.

그런데 이러한 교육적 권위자로서의 교회의 모습은, 교황의 무오류설이라는 것으로 발전하게 되었다. 지상에서의 교회의 머리는 로마주교이며, 성 베드로의 후계자로서 교황이 있다는 것이다. 이 교황 무오류설이라는 것은 교황이 특별한 능력을 부여받았다는 것을 의미하지 않는다. 다만 신앙과 윤리라는 두 가지 측면에서 교회의 최고 선생과 입법자이고, 신자들이 준수하는 공식적인 교리를 선포하며, 성령이 그를 모든 오류로부터 보호한다는 것이다. 이러한 방식으로 교회의 무오류한 가르침이 성립되며, 이는 신자들을 하나로 묶어 준다.

두 번째 주요 개념은 성례 대리자로서의 교회 이해이다. 이것은 교육적 권위자로서의 교회 개념을 보충하는 것으로서, 성례전을 필요로 하는 이유가 된다. 교회는 우리가 살아가야 할 길을 보여주며, 또 그 말씀대로 살아갈 수 있도록 능력을 준다. 세상에서 하나님의 대리자인 교회는 이를 제공해 주는 기관이며, 성례전은 이를 위한 도구이다. 12세기 이래로 로마 가톨릭의 성례전 형태는 일곱 가지로 고정되어 내려왔다. 이 성례전은 인간의 삶에 있어서 주요한 계기와 필요에 따라 통과제의처럼 구성되어 있다. 사람이 태어나고, 성년이 되며, 결혼을 하고, 어떤 삶의 목적에 대해 헌신을 결단하고, 이 세상을 하직하는 과정들이 담겨 있다. 아울러 공동체로 재통합되는 계기라든지 또한 음식을 나누는 형태도 포함된다.

동방 정교회

동방 정교회는 오늘날 로마 가톨릭 인근 지역에 2억 5천만 정도의 신자를 가지고 있으며 알바니아, 불가리아, 지오르기아, 그리스, 루마니아, 러시아, 세르비아 및 시나이 교회들로 구성되었다. 모든 교회는 자치적 형태로 구성되어 있으며, 서로 간에 다양한 방법으로 교통하고 있다. 구성원들은 우선 일차적으로 자신들이 동방 정교회에 소속되어 있으면서 단지 이차적으로 특정 지역의 일원이 되는 것이라고 생각한다. 대부분의 동방 정교회는 로마 가톨릭과 비슷한 모습을 가지고 있는데 똑같이 7개의 성사를 존중하며, 교육적 권위에 대해서도 동일한 이해를 가진다.

차이점 중 하나는 범위에 관계된 것이다. 동방교회에서는 문제가 되는 가르침에 대해 서방교회보다는 만장일치의 형식이 그리 많지 않다. 원리상으로 볼 때 성경에 나타난 문제점들에는 별 이의가 없고, 교리에 있어서는 교회가 이를 해석하기만 할 뿐 새로이 만들어내지는 못한다. 실제로 교회는 7번에 걸쳐서만 해석자로서 특권을 행사했을 뿐이다. 엄격히 말한다면, 공의회에서 이루어낸 모든 결정 사항들은 신조 자체에 담겨 있는 것이므로 이러한 범주를 넘어서는 연옥 교리, 면죄부, 무흠 잉태, 마리아의 육체적 승천 등에는 교리적 위치를 부여하지 않고 있다.

이런 차이점들을 정리해 본다면, 라틴 교회가 기독교 교리의 발전적 측면을 강조하고 있는 반면에 희랍 정교회는 계속성을 강조하면서 공의회를 벗어나는 것이 올바르지 못한 태도라고 주장하고 있다. 그리고 이미 살펴본 대로, 서방교회는 교황을 통해 최종적 판단을 갖는 구조를 지니는데, 동방교회에는 교황이 존재하지 않는다. 대신 하나님의 진리를 담고 있는 그릇으로서 '교회의 양심'이라는 견해를 내세우는데, 이는 일반적으로 기독교인들의 공감대를 지칭하는 말로 사용되고 있다.

일반적으로 모든 교회의 주교들이 공의회에 모이게 되면, 그들의 모든 결정 사항들은 변할 수 없는 하나님의 진리를 이루어낸다. 그리고 주교들의 결정은, 많은 기독교인들의 생각을 집약시켜 놓은 것으로 본다. 이러한 모습은, 로마 가톨릭과 개신교 사이의 중도를 걷고 있는 것으로 풀이된다. 이들의 교회관은 그리스도의 신비적 몸이라는 형태이다. 동방교회는 이 점을 로마 가톨릭이나 개신교보다 더 진지하게 다루고 있다. 그리고 신자들은 여타 모든 교회와 연합하여 자신들의 구원을 이루는 것이지, 개별적으로 개인의 영혼 구원을 말하지 않고 있다. 자연과 역사를 포함해 전 우주의 성화를 이루어야 할 책임을 말하는 것이다.

이러한 강력한 합일체 감정의 중요한 결과로, 평신도나 성직자의 구분 없이 모든 개개의 기독교인들은 '그리스도의 정신'을 이루면서 모두가 집합적으로 이 기능을 감당한다. 까닭에 로마교회 행정은 계급적인 형태를 지니고 있는 반면에 동방교회는 평신도 측에 보다 많은 권한을 일임하고 있다. 게다가 일반 회중들은 성직자를 택함에 있어 많은 영향력을 행사하고 있다. 물론 성직자는 침해할 수 없는 고유의 권한으로서 성례전을 집전하는 위치에 있지만, 이것을 벗어나면 성직자와 평신도를 가르는 기준은 미미하다. 사제들은 독신이 필요하지 않으며, 동방교회 수장인 콘스탄티노플 대교구조차도 '동등한 가운데 첫 번째'일 뿐이다.

개략적으로 정리해 본다면, 기독교의 동방적 형태의 분파들은 한편으로는 구성원들의 교회적 평등성(가톨릭주의에 비교되는)과 또 다른 편으로는 느슨한 연대성(개신교에 비교되는)을 골고루 지닌 합일체적 성격을 보여준다. 또한 유럽의 변방에 위치하고 있으면서 서구적 현대화에 물들지 않았다는 점에서 초기 기독교에 가까운 일면을 보여주기도 한다. 까닭에 그들의 신비주의는 아시아의 종교 영성과 아주 유사한 모습을 지니며, 동방교회는 이러한 신비적 삶을 적극적으로 권장하고 있다. 일찍이 안디옥과 알렉산드리아 인근의 사막에서 지혜를 구하던 많은 구도자들의 전통에 따라, 이러한 신비적인 신앙 구조는 그들의 삶에 있어서 커다란 자리를 차지하고 있다.

종교개혁과 개신교

로마 가톨릭과 소위 개신교라는 것 사이에 생긴 분열의 원인에 대해서는 복합적인 요소가 깔려 있으며, 이는 아직까지도 논란이 많다. 정치 경제학적 요인, 민족주의, 르네상스의 개인주의 그리고 교회의 권력 남용에 대해 점증하는 비판적 관심 등이 주요한 원인을 이루고 있다. 그러나 무엇보다도 로마 가톨릭과 개신교 사이의 근본적인 분열 원인은 바로 신앙적인 문제라는 점을 부인할 수 없다. 두 가지 주요한 주제를 살펴볼 수 있는데, 이것은 믿음으로 말미암는 칭의稱義와 개신교 원리 두 가지이다.

개신교에서 말하는 '믿음에 의한 칭의'라는 것은, 마음과 뜻과 정성을 다해 온전한 자아의 실행을 요구하는 것이다. 이것은 오늘날 교회 일치를 이루는 주요한 요소로서 로마 가톨릭 역시 같은 방법으로 신앙을 이해해 나가고 있다. 그렇다고 신조들이나 성례전 같은 것이

무의미하다고 말하는 것은 아니다. 하나님의 사랑에 대한 경험이나 그 사랑에의 응답 같은 것이 수반되지 않는다면, 불충분한 것임을 강조하는 것이다. 선행 같은 것도 마찬가지이다. 이는 믿음이라는 것과 상관적 관계에 있을 뿐 그 전제로 간주되어서는 안 된다. 선행이란 것이 반드시 믿음과 직결되지는 않기 때문이다.

개신교에 있어서 또 하나의 중요한 관점은, 상대적인 것을 절대화하는 것에 대한 경고라고 말할 수 있다. 신학적으로 말한다면 이는 우상숭배에 대한 경고가 된다. 세속 세계에서 우상이나 자신 또는 인간의 지식들을 절대화하면서 기독교인들조차 교리나 성례전, 교회, 성서 심지어는 개인적인 신앙적 경험을 절대화하기에 이르렀다. 그러나 개신교는 그들 중의 어떤 것이 하나님이라고 말하는 것을 거부한다. 전통적 견해에 따르면 이것은 바로 악마적이라는 것이며, 첫째로 올라서려는 최고 천사와도 같은 것이다.

역설적으로 개신교인들에게 있어서는 성서가 이런 점에서 절대적일 수밖에 없다. 사람들이 진정 열린 마음과 하나님에 대한 열망으로 은총의 기록을 읽을 때에, 인간과 신 사이에서 최상의 매개자가 되어 주신다는 점에서 절대적이다. 어떠한 공의회나 사람들 혹은 신학자들의 해석도 이를 대신하거나 같은 자리에 놓일 수는 없다. 하나님의 말씀은 모든 개인적 영혼들에게 직접적으로 임하시는 것이다. 개신교의 견해가 살아 계신 하나님의 말씀으로서의 성서에 집중되어 있는 것도 바로 여기에서 비롯한다.

　물론 오늘날의 개신교는 철저한 개별주의로 전락해 버릴 수 있다
는 위험성이 존재한다. 개신교는 이를 인정하면서도 다음 세 가지 사
실을 내세운다. 첫째, 개신교의 다양성에도 불구하고, 수백 개 종파의
개신교인들 대부분은 몇몇 주요 교파에 속해 있다. 개신교의 근본 원
리이기도 한 신앙의 자유라는 측면에서 고려해 볼 때, 다양성보다는
오히려 개신교가 함께 뭉쳐 있다는 사실은 놀라운 일이다. 둘째, 개
신교의 분열은, 유럽의 경우 다양한 민족적 배경을 지니는 것이고 미
국의 경우에는 사회적 집단들의 다양한 배경을 갖는 것이기 때문이
지 결코 신학적인 이유가 주원인은 아니다. 결론적으로 사람들은 각
기 다양한 모습을 지니며 역사적인 환경 역시 심각한 삶의 변화를 초
래할 정도로 여러 가지 형태를 지닌다. 삶과 역사란 것은 매우 유동
적인 것이기 때문에 교리적인 것이든 제도적인 것이든 간에 하나님
의 세계 구원의 역사는 한 가지 형식으로만 제한시킬 수는 없다. '성
령은 자유로이 운행'하시기 때문이다.(요 3:8) 이런 바탕 아래서 1999
년 가톨릭과 루터교는 신앙고백에 대한 합의를 이루었고, 2006년 서
울에서 열린 세계감리교대회에서는 구교와 신교 그리고 감리교회가
같은 신앙을 고백하기에 이르렀다.

▌더 읽을거리

B.W. 앤더슨, 『성서의 재발견』, 대한기독교서회, 1982.
박창환, 『성경의 형성사』, 대한기독교서회, 1977.
H. Smith, 『세계의 종교』, 은성출판사, 2005.

제8장

한국 기독교 사상의 이해

하나님 예배와 부모 사랑 사이에서

'우리는 조선인이 아니다'

자기 십자가를 지고 찾아온 이들

토착화 신학의 첫 발자국

오늘날 한국 기독교

21세기를 열어가는 오늘의 한반도에 있어 천주교회와 개신교는, 과거의 역사를 거울삼아 진지하게 기도와 영성이 더욱 깊어져야 할 중대한 시기를 맞고 있다. 특별히 엄격한 성직자 위계질서를 통해 교회의 일치와 일관성을 도모하면서도 평신도의 자리를 일깨우려고 하는 천주교회는 매우 의미 있는 변화를 모색하고 있는 셈이다. 천주교회와는 달리 성직자 계급뿐만 아니라 평신도 계급에 이르기까지 현대판 골품제의 방식으로 빠져들어 가고 있는 개신교의 신학적·교리적 경직화는 그 미래가 자못 궁금하다. 한국 기독교의 앞날과 관련하여 본질에 대한 더욱 깊이 있는 성찰을 통해 걸러질 때 비로소 제자리를 찾을 수 있을 것이다.

하나님 예배와 부모 사랑 사이에서

1784년 이승훈은 청나라에 입국해 로마 가톨릭에 입교하는 세례를 받았다. 이는 성직자와 교계 제도가 없었던 조선 땅에서 일어난 기적 같은 일이었다. 청나라 사신으로 떠나는 아버지 이동욱을 따라나선 그는 조선의 신앙 공동체로부터 부탁받은 대로 복음서 주석서와 교리서 및 예배 의식을 위한 성물을 반입하기에 이른다. 일찍이 정묘, 병자호란 이후 볼모로 청나라에 잡혀갔던 소현세자가 귀국하면서 일단의 천주교 문물을 들여온 적이 있었지만, 소현세자의 죽음과 함께 천주교 문물의 제도권 수용은 물거품이 되고 말았다. 이후 물밑에서 이루어진 자생적인 신앙 공동체가 외부의 도움 없이 출발하였고, 이승훈의 세례는 천주교 신앙 공동체의 첫걸음으로 자리매김되었다.

초기에 자체적으로 교직 제도를 구성하고 세례와 예배 등 성사를 진행하며 왕성하게 번지던 신앙 공동체 운동은, 조상 제사 문제가 걸림돌이 되면서 곧 벽에 부딪히고 말았다. 게다가 평신도 중심의 교직 제도까지 천주교 교리에 저촉되면서 이후 신앙 공동체의 확장은 양반층보다는 중인 이하의 계층을 중심으로 이어져 나갔다. 이처럼 주자학을 근간으로 하는 조선 사회에서 양반 계층의 강한 저항에 부딪힌 천주교회는, 이승훈을 비롯한 양반 계층의 급속한 이탈로 새로운 국면을 맞게 된다. 1785년 을사 추조 사건 때에는 중인 계급이었던 김범우가 죽임을 당하고 양반층은 훈방되면서 마무리되었지만, 1791년에 이르면 양반 계층이었던 윤지충, 권상연 등이 제사를 거부하고 신주를 소각하는 소위 진산 사건이 일어났기 때문이었다. 이에 천주교는 체제와 질서를 부정하는 멸륜패상滅倫敗常, 무군무부無君無父의 종교로 간주되어 나라로부터 강력한 탄압과 박해를 받게 되었다.

이후 천주교회는 1794년 비밀리에 청나라의 주문모 신부를 받아들였고, 성경직해 등을 반입하면서 주로 부녀자 층과 중하층 계급들을 대상으로 광범위하게 신자 세력을 확보해 나갔다. 이러한 가운데 비공개적이고 제한적인 선교 방식에 어려움을 느낀 천주교 공동체는, 신앙의 자유를 얻기 위해 서양의 정치·군사적 보호를 갈망하기에 이르렀다. 특별히 황사영 백서 사건과 같은 신앙 지상주의는, 조선 사회와 민족의 정체성에 대비되는 이중 양태를 지니기 시작하였다. 게다가 정조를 비롯한 영의정 체제공의 우호적인 보호막마저 사라지게 되면서 천주교회는 막다른 골목에 처하게 되었고, 따라서 조선 사회에서 드러내놓고 활동할 수 없어 지하교회의 형태로 바뀌어갔다.

공식적으로는 존재할 수 없었던 천주교회였음에도, 이 공동체는 지하교회의 형태로 꾸준히 세력을 확장하였다. 드디어 1831년 북경 교구로부터 벗어나면서 조선 교회로서 독자적인 교회치리의 틀을 갖추었고, 서양의 신부와 주교를 받아들이게 되었다. 아울러 김대건, 최양업 등을 중국으로 보내 성직자로 양성함으로써, 서양 일방주의로 진행되었던 천주교의 토착화와 자주화를 시도하였다. 아울러 정약종의 '주교요지', 정하상의 '상재상서上宰相書' 등과 같은 변증론이 자생적으로 탄생하는 계기가 되기도 하였다. 그러나 서양 세력을 적대시하는 나라의 정책으로 인해 신자들뿐만 아니라 외국인 성직자들까지 조선 정부에 의해 계속 희생되었고, 이로 인하여 서양 세력에 의한 무력 침공의 빌미가 되기도 하였다.

'우리는 조선인이 아니다'36

1866년 병인년에 발생한 천주교 탄압은 계속되는 프랑스 성직자의 희생과 맞물리면서 서구 세력의 무력 도발을 이끄는 빌미를 제공하였다. 게다가 아편전쟁 등으로 중국의 몰락을 지켜본 대원군은 쇄국정책을 더욱 강화하면서 천주교 탄압의 끈을 늦추지 않았다. 결국 이는 엄청난 천주교의 희생을 일으켰고, 조선의 정체성과는 동떨어

---

36 한국기독교사연구회, 『한국기독교의 역사 1』, 기독교문사, 1992, 234쪽. 이 말은 황해도 지역 천주교인들이 조선의 지방관들을 무시하고 공권력을 마비시키는 일들이 잦아지자 이를 보고하는 관찰사의 문서에 나타난 말로, 민족성과 관련해 당시 천주교인들의 자의식에 관한 일단의 이해를 보여준다.

진 형태로 외세와 결탁한 모습의 천주교를 낳게 되었다. 대원군의 쇄
국정책으로 인한 천주교의 탄압은, 서구 식민 세력이 광범위하게 힘
을 발휘하고 일본까지 이에 가세하던 강화도 조약(1876)에 이르러서
야 비로소 사라지게 되었다. 이후 조선은 미국, 영국, 독일, 러시아,
이태리 등과 잇달아 수교를 하였고, 1886년 프랑스와도 조약을 체결
하면서 선교사들에게 치외법권의 특권과 더불어 포교의 자유를 허용
하기에 이른다.

그러나 표면적으로는 선교의 문이 열린 셈이었지만, 속내는 그리
달가운 형편이 아니었다. 새로운 신앙 공동체가 이 땅의 백성들과 서
로 다른 정체성을 지니고 있었다는 사실은, 선교의 문이 열린 이후에
잇달아 발생하는 충돌에서 쉽게 드러난다. 천주교에서 소위 교난(敎
難 혹은 敎案)이라고 표현하는 이러한 충돌은 1887년 원산에서 선교사
를 내쫓으려는 소동으로 시작되었다. 이후, 1887년 원산, 1889년 강
경, 1890년 전주, 1890년 안변·고산, 1891년 대구, 1892년 수원, 1893
년 양양, 1898년 회령·안변 등지에서 외국인 신부에 대한 배척과 습
격, 폭행이 줄을 잇게 되었다. 특히 1894년 동학농민혁명 때는 적대
감이 극심해 회당과 신부 및 교우 모두가 인적 물적 희생을 겪어야
했고, 1901년 제주도에서 일어난 충돌로 천주교인 700명이 희생되자
이를 수습하기 위해 프랑스 군함까지 무단 진입하기에 이르렀다.

특히 1909년 대한제국과 일본이 합방되는 길목에서 일어난 천주
교인 안중근의 대일본 항쟁은, 천주교 지도층에 의해 철저히 외면당

하였다. 천주교회가 이 땅에 정착하면서 빚어진 이러한 박해와 갈등
은, 피선교지에 대한 몰이해와 일련의 신학적 인식의 부재에서 비롯
된다. 이미 중국에서 마테오리치 이후 전례 논쟁에서 보인 바대로,
제사 문제를 비롯한 신학적 이해가 정리되지 못했을 때 선교의 마당
이 닫힌 것을 알 수 있다. 실제로 한일합방을 전후한 당시 통계에 의
하면 이 시기 천주교 신자는 급격히 줄어든 것으로 나타나고 있다.
반면 개신교의 경우에는 반대로 급격한 증가를 보여주고 있으며, 심
지어는 천주교 신자들의 집단적 개종이 이루어지기도 하였다.37

　한편 일제시대를 거치는 동안 천주교는 1937년 최초로 한국인에
의해 치리되는 전주교구가 설정되었고, 한국인 신부가 초대 교구장
에 취임함으로써 선교사가 독점하는 교회 운영을 벗어나 선교의 새
로운 장을 열게 되었다. 아울러 1942년 경성교구장에 한국인 신부가
책임을 맡으면서 최초의 주교가 탄생하였고, 이로써 자주적인 한국
교회로서의 구색을 아쉬운 대로 갖추게 되었다. 1944년에는 한국인
성직자의 수가 132명으로 증가하면서 외국인 선교사의 숫자를 넘어
섬으로 선교의 주축을 이루게 되었으나, 여전히 독립된 교구나 정식
교계 제도를 갖추지 못하고 교황청과 파리외방전교회의 포교지를 벗
어나지 못하고 있었다.

---

37 문규현, 『한국천주교회사』, 빛두레, 1994, 146쪽. 1905-9년까지 연평균
　신자증가율은 천주교 2.24%, 장로교 43.77%, 감리교 49.75%로 나타난다.

자기 십자가를 지고 찾아온 이들

천주교의 조선 전래가 내국인에 의한 자발적인 형태였던 것과 마찬가지로 개신교의 경우도 비슷한 모습을 보여주었다. 조선의 문호가 개방된 이래로 입국한 선교사 아펜젤러와 언더우드 앞에는 이미 예비된 개종자들이 세례를 받기 위해 기다리고 있었기 때문이었다.[38] 이는 선교사들이 입국하면서 이미 조선말로 번역된 성경을 지니고 있었다는 점과 아울러 만주 지역에 이미 지방 사투리로 번역된 성서가 광범위하게 퍼져 있었다는 사실에서도 어렵지 않게 확인할 수 있다. 이처럼 한국 개신교의 경전 번역은, 오늘날 기독교의 선교 역사에 있어 토착화 신학의 기초를 이루는 중대한 계기이다. 게다가 당시 기록에 의하면 개신교 선교사들은 의료와 교육 선교 틈틈이 전도서적을 판매한 것으로 보고되고 있다.

성서 번역의 선구는 로스·맥킨타이어 역으로 알려진 서북 지방 사투리의 요한, 마가복음 번역이었다. 영국 성서공회 지원을 받아 1881년 누가복음 인쇄본이 제작되었고, 이후 전체 성경으로 확대되기에 이르렀다. 국내에서는 1887년 아펜젤러와 언더우드가 마가복음 번역 성서를 출간한 이래로, 선교사들을 중심으로 하여 성서번역위

---

38 기록에 의하면 이들은 내한한 선교사에게 세례를 받기 위해 성서 말씀대로 각자 십자가를 등에 지고 찾아왔다고 한다.

원회가 구성이 되어 본격적인 번역 작업이 이루어졌다. 이후 꾸준히 이루어진 성서 번역의 결과 드디어 1910년에 신구약이 공식적으로 완간되었고, 1937년 새로운 맞춤법에 따라 수정하여 만든 개역성서로 이어지게 되었다.

개신교의 선교는 성서 번역과 아울러 교육사업과 의료사업 등의 간접 선교 방식을 통해 일반 대중 속으로 깊숙이 파고들었는데, 이러한 방식은 개화기에 있어 천주교의 갈등 방식과는 대조적으로 급속한 신자의 증가를 낳게 되었다. 특히 일제치하에서 기독교청년연합회(YMCA) 등의 사회 선교 방식은, 일찍이 독립협회에서 기독교인들이 주도적인 세력으로 자리 잡았던 전통을 이어받아 민족의식과 기독교의 일체감을 형성하는 주요한 원동력이 되었다. 잘 알려진 바대로 1919년 독립만세운동에서 주도적으로 활약한 종교지도자 33인의 구성은 개신교가 16명, 천도교 15명, 불교 2명으로서, 이는 당시 개신교의 민족의식 수준이 어느 정도인지를 짐작케 한다.

이러한 민족운동 양태로서의 개신교의 종교 역량은, 일찍이 동학혁명에서 나타난 바대로 동학도들과 개신교인들이 어느 정도 협력했던 사례에서도 드러난다. 실제로 이능화는 그의 책에서, 독립협회의 해산과 투옥으로 나라와 민족의 앞날이 암울하였던 1904년을 가리켜 유교의 지성계급들이 대거 기독교에 입교하는 중대한 변화의 계기(官紳社會 信敎之始)였음을 밝혀주었다.[39] 이처럼 초기 개신교의 선교 양태는, 민족의 중차대한 관심사에서 벗어나지 않고 함께 씨름하였던 특징을 지닌다. 또한 대중들과 쉽게 어우러질 수 있는 한글 성서 번역에 힘을 기울이는 동시에 교육과 의료 선교를 통하여 이 땅에서 환영받았다. 이 같은 개신교의 폭넓은 만남은 이 나라의 기틀을 잡는 일에 커다란 밑거름이 되었다.

토착화 신학의 첫 발자국[東洋之天卽西洋之天]

개신교가 천주교회보다 100년이나 느지막이 이 땅에 발을 내디뎠음에도 불구하고 비약적인 성장을 보였던 또 하나의 원인은, 개신교의 신앙 흐름에 있어서 자치적인 움직임이 뚜렷했다는 사실을 들 수 있다. 천주교에서 내국인 성직자가 탄생한 것은 1844년이었다. 따져보면 최초의 김대건 신부 이래로 한국 천주교회에서 내국인 지도자로서 1942년 노기남 주교가 선출되기까지는 100여 년이라는 기나긴 시간이 필요하였다.

그러나 개신교의 경우 선교 초기 무렵부터 내국인 목사로서 감리교의 김창식 등이 안수 받은(1901) 이후로 성직자를 길러내는 교육기관이 일찍부터 자리 잡았다. 또한 1914년에 이르면 인천지방과 수도권을 치리하는 감리사로서 최병헌 목사가 선출됨으로 명실공히 내국

---

39 이능화, 『朝鮮基督敎及外交史』, 학문관, 1968, 204쪽, 官紳社會, 信敎之始.

인이 지도자로서 치리하는 괄목할 만한 자치 교회 모습을 보여주었
다. 게다가 1930년에는 피선교국의 위치를 완전히 벗어나 모 교회에
서 독립하는 기독교 조선감리교회가 출발하게 되었는데, 이는 그때
까지도 여전히 선교사의 지도를 받던 천주교의 위상과 현격한 차이
점을 보여준다.

장로교회 역시 아시아에서 오랜 선교 경험을 지니고 있던 네비어
스의 선교 방법을 근간으로 하여 자전(self-propagation), 자영(self-suppo-
rt), 자치(self-government)의 3대 원칙이 선교의 잣대로 자리 잡게 되었
다. 이처럼 개신교의 경우, 광범위한 형태로 자치적이고 민족적인 역
량이 결집될 수 있는 바탕이 마련되어 있었던 까닭에 교회와 사회에
있어 기독교의 복음을 민족의 살림과 연결시키는 모습이 매우 자연
스럽게 나타난다. 이렇듯 자주적이고도 독립적인 양식의 개신교 신
앙 양태는, 여러 가지 측면에서 한국 개신교의 독자적 성격과 탁월성
을 드러내며 초기 교회 성장의 밑거름을 이루었다.

이러한 외면적인 형태의 자치뿐만 아니라, 신학의 이해 방식에 있
어 토착화에 대한 해석학의 깊이 있는 작업이 이루어졌다. 앞에서 언
급한 최병헌 목사는 유교 전통에 서 있는 골수 전통주의자였지만 풍
전등화와 같은 민족의 앞길을 내다보면서 과감히 기독교에 입신하였
고, 선교사들과 대등한 관계에서 복음을 논하고 성서 번역위원으로
도 일하면서 이 땅에 복음의 해석학적 자리를 마련하였다.

특별히 '동양과 서양의 하늘이 다름이 없다'는 새로운 복음 이해의

지평을 열었던 그는, 『성산명경』, 『만종일련』 등의 저서를 비롯해 많은 논문을 통하여 세계의 다양한 종교를 논하였고, 그 속에서 복음의 자리를 찾으려는 토착화 신학의 기초를 마련한 인물이었다. 이 밖에도 길선주를 비롯한 이용도 등 신앙 부흥가들 역시, 도교나 샤머니즘을 비롯한 한국의 전통사상에 뿌리를 둔 새로운 기독교 이해의 자리를 마련함으로써 폭넓은 민중의 호응과 감화를 이끌어내면서 토착화 신학의 큰 줄기를 이루었다.

이 밖에도 근대화의 물결에 따라 변화하는 사회에서 기독교 신학의 역할에 대한 물음도 끊임없이 이어졌는데, YMCA 같은 형태로 사회에서의 복음 이해의 지평을 넓히는 것과 아울러 기독교 사회주의 이념의 뿌리도 자리 잡게 되었다. 무산자에 대한 사회구조적 보호를 내세운 신흥우의 적극신앙단[40]이나 신간회와 같은 기독교 사회주의 운동, 나아가서 이동휘·김창준 등과 같이 사회주의 계열에 서 있던 기독교 지도자들의 다양한 발걸음은, 마르크시스트와 그리스도교의 길이 서로 그리 멀지 않음을 엿볼 수 있는 대목이다.

---

40 이성삼, 『한국감리교회사(1930-45)』, 기독교대한감리회, 1992, 3판, 86-7쪽. 적극신앙단의 5개조 선언과 21개 실천 강령 내용을 참조하라.

오늘날의 한국 기독교

통계청에서 발표한 1995년-2005년 사이의 종교 인구 현황에 의하면, 천주교의 경우 급격하게 성장하였고 개신교는 오히려 줄어든 것으로 나타났다.[41] 앞서 100여 년 전 기독교가 보여준 흐름과는 정반대의 모습으로 나타나고 있다는 점에서,[42] 오늘날 한국 교회 실상에 대한 의미 있는 가르침을 엿볼 수가 있다. 1세기에 가까운 기간 동안 한국의 기독교는 일본의 압제 시기, 남북 전쟁 그리고 급속한 경제 개발을 동반한 가파른 사회 변동을 거치면서 오늘에 이르렀다. 이 기간 동안 한국의 기독교는 이 땅의 기층 종교와 어깨를 나란히 하면서 일정한 부분의 정신세계를 구성해 왔으나, 통계상으로 보다시피 내용상으로는 구성이나 추세에 있어 의미 있는 변화를 보여준다.

돌아보면 개신교의 경우 1세기에 가까운 기간 동안 기복신앙이나 물량주의 및 개교회주의 등과 같은 형태의 부정적 요소들에 의해 교회 성장이 주도되어 왔던 것이 사실이다. 그러나 2세기가 넘는 역사를 지닌 천주교의 경우 교회의 본질과 신학적 이해가, 주로 정의 구

---

41 2005년 통계청 조사에 의하면, 천주교의 인구는 5,146천명(10.9%)으로서 10년 전인 1995년의 2,951천명(6.6%)보다 무려 74.4%(2,195천명)가 늘어났다. 반면에 개신교는 같은 10년의 기간 중 8,760천명(19.7%)에서 최근 8,616천명(18.3%)으로 전체적으로 1.6%(144천명)가 줄어들었다.

42 앞의 주 37) 내용 참조

현이라든지, 사회 봉사 그리고 종교 다원 상황에 마주하여 폭넓은 포용성을 보이면서 긍정적 인상을 심어 주는 데 힘을 기울여 왔다. 이는 개신교가 이 땅에 정착하던 초기 무렵 지녔던 건강한 종교적 정체성을 오히려 잃어간 반면, 천주교회는 기나긴 박해 시절 겪었던 시행착오를 바탕으로 꾸준히 신학적 변화와 교회의 정체성을 진지하게 씨름해나간 결과라고 말할 수가 있다.

오늘날 현대인들은, 종교라는 형식이나 단체보다는 개개인의 믿음과 그 실천의 지평을 의미 있게 받아들인다는 사실을 되새겨야 할 필요가 있다. 사실 초기 개신교 선교에서도 의료 선교사들의 진실한 믿음과 목숨을 내건 헌신적인 발걸음은 조선인들의 마음을 감화시켰고, 조선인들로 하여금 실정법의 테두리를 넘어서 적극적으로 의료 선교에 동참하게 만들었던 사실을 잊지 말아야 한다. 오늘날 교회의 구성원들과 지도자들이 어떠한 신학적 인식의 변화를 보여야 하는가를 씨름하는 것은, 21세기 한국의 기독교 색깔을 결정하게 될 것이다. 특별히 오늘날 이 땅에서는 경제적인 빈부 간의 양극화라든지, 남북으로 갈라져 첨예하게 맞서는 정치적인 이념 갈등 그리고 지역 이기주의로 인한 사회 구성체 간 갈등과 반목 등이 점차로 심화되어 가고 있다. 까닭에 종교의 존재 의미와 역할에 대한 진지한 성찰이 더욱 긴요하게 되었다.

정착 초기 한국 사회에서 주목을 받으며 오늘날까지 나름대로 이바지해 왔던 개신교가 외형적 성장과 내면적 분열을 거듭하면서 초기의 정체성을 회복하지 못하는 현실에 비해, 200년간 여러 가지 쓰라린 경험을 거름 삼아 이 땅에서 생각과 입장이 다른 모든 이들에게 열린 마음으로 따뜻한 손길을 내미는 천주교의 신학적 · 교리적 유연성은 앞으로도 더 많은 이들의 눈길을 끌 것이 분명하다.43

21세기를 열어가는 오늘의 한반도에 있어 천주교회와 개신교는, 과거의 역사를 거울삼아 진지하게 기도와 영성이 더욱 깊어져야 할 중대한 시기를 맞고 있다. 특별히 엄격한 성직자 위계질서를 통해 교회의 일치와 일관성을 도모하면서도 평신도의 자리를 일깨우려고 하는 천주교회는 매우 의미 있는 변화를 모색하고 있는 셈이다. 천주교회와는 달리 성직자 계급뿐만 아니라 평신도 계급에 이르기까지 현대판 골품제의 방식으로 빠져들어 가고 있는 개신교의 신학적 · 교리적 경직화는 그 미래가 자못 궁금하다. 한국 기독교의 앞날과 관련하여 본질에 대한 더욱 깊이 있는 성찰을 통해 걸러질 때 비로소 제자리를 찾을 수 있을 것이다.

▌더 읽을거리

문규현, 『한국천주교회사』, 빛두레, 1994.
한국기독교사연구회, 『한국기독교의 역사』, 기독교문사, 1992.

---

43 두 종교 간의 이런 차이는 통계 전문 조사 기관인 갤럽이 첫 조사를 실시한 1984년부터 현재까지 약 20년이 넘는 기간 동안 계속해서 커지고 있다.

제9장

토착 신종교의 발흥

하늘이여, 이 땅에 오소서

사람은 무엇이고, 하늘은 무엇인가: 동학東學

작은 누룩이 온 떡을 부풀리듯: 증산교甑山教

물질이 개벽되니 정신을 개벽하자: 원불교圓佛教

더불어 어우러지는 비나리의 세계

근대 한국의 역사에서 드러났던 민족주의 신종교들은 하나같이 다음과 같은 공통점을 지니고 있다. 우선 믿음의 세계에서 드러나는 여러 가지 문화나 교리 형태와 명칭에 구애받지 않는다는 사실이다. 둘째로 이웃종교들의 가르침이나 제례의 양태, 신앙 생활 등의 긍정적 요소를 나름대로 취사선택하여 받아들인다는 점이다. 마지막으로 무엇보다도 가르침을 교리나 추상의 자리에 올려 놓기보다는 삶에 뿌리내리는 생활 신앙의 길을 내세운다는 사실이다. 앞서 언급했다시피, 동학과 증산교, 원불교 등은 한결같이 유교와 불교, 선도仙道 등의 내용과 용어 등을 서슴없이 이끌어와 가르침에 담고 있으며, 때로는 포교 목적상 의도적으로 사용하는 경우까지 나타나는 것을 볼 수 있다. 거슬러 올라가 따져 본다면, 이러한 종교적 습합은 근대의 신종교 운동뿐만 아니라 뿌리 깊은 전통을 가진 불교와 유교가 이 땅에 둥지를 틀던 때에도 끊임없이 되풀이하였던 현상이기도 하다.

하늘이여, 이 땅에 오소서

19세기에 들어 서구 열강들이 제국주의를 내세워 식민지 경영에 발 벗고 나섬으로써 동방 경영이 가속화되었고, 동아시아 사회는 전반적으로 크게 동요하게 되었다. 조선의 경우 내면적으로는 유교의 주자학적 이상을 실현하는 데 있어 줄기가 되는 양반 계층의 계급 구조가 근본적으로 어지러워지면서 사회 전반의 동요로 이어졌다. 따라서 이러한 난맥상은 일반 평민들의 삶에 커다란 짐이 되었고, 이 어려움으로 인하여 도적이 되거나 민란을 겪기에 이르렀다. 게다가 왕권의 약화와, 사대부 계층의 혈연과 지연 그리고 심각한 학연 의식으로 인해 파당의 편파성이 심각하게 드러나면서 전반적으로 사회 질서의 혼란은 걷잡을 수 없게 되었다.

나라 밖의 사정을 보더라도 이미 16세기부터 임진왜란을 시작으로 하여 병자호란 및 서구 열강 세력들이 끊임없이 조용한 아침의 나라를 뒤흔들고 있었다. 그러나 조선의 대외적인 인식은 여전히 고리타분한 유교 근본주의의 양태에서 벗어나지 못하고 있었다. 게다가 왕권이 무력해지고 권신세가가 득세하면서 사회 구조는 더욱 열악하게 되었다. 유교의 가치관을 기반으로 하였던 조선 사회는 그 뿌리가 되는 신분제가 동요하기 시작하였고, 아울러 홍경래의 난(1811)과 같은 굵직한 사회 변동이 잇달음으로 인하여 총체적으로 붕괴를 맞이하게 되었다.

1860년대 이래로 이루어진 민란의 구성 계층은 주로 평민과 농민층의 주도로 이루어지는 양상을 보여주는데, 이는 조선 사회의 부패와 왜곡이 심각했던 까닭에 지방 향리 등과 부호들의 탐학에 대한 폭동이나 항거의 형태를 띠고 있기 때문이었다. 그러나 이러한 양태는 일회성에 그치는 것으로서 혁명이나 조직적 운동으로 성장하지 못하는 한계를 지니고 있었다. 이러한 점을 꿰뚫어보았던 이들은 바로 몰락한 양반의 후손과 같은 일련의 식자층이었다.

이들은 일회성 봉기보다는 사회 현상 전반을 나름대로 진단하고 처방하는 방법으로서 종교적인 양태를 갖추게 되었고, 따라서 보다 장기적이고 현실적인 돌파구를 마련하게 된다. 이렇듯 비조직적인 민중들의 답답한 삶의 한가운데에서, 여러 가지 소망들을 담아내고 있는 민족주의 신종교들의 공동 이념이나 특징은 한결같다. 우선 눈에 띄는 것으로서는, 유교 가치관을 정점으로 하여 이루어진 조선사회의 지긋지긋한 계급 구조를 넘어서고자 했던 사민四民평등주의를 꼽을 수 있다.

이러한 평등 의식은 이미 자리 잡은 서구의 종교적 평등사상의 영향도 있거니와, 무엇보다도 운동의 주도 세력인 지도자들이 대부분

유교적 계급 체계에서의 몰락한 양반계급이라는 점에도 까닭이 있다. 더 이상 유교의 계급의식이나 기존 질서의 틀이 스스로의 삶의 자리에서 의미가 없어지게 되었고, 이에 따라 새로운 하늘과 새로운 사회 질서의 모색과 존재 양식을 절실하게 찾아 나서는 것은 매우 자연스러운 일이었다고 보여진다.

두 번째로 종교적 경건성과 삶이 분리되지 않고 하나로 이어지는 생활 속의 신앙 양태가 자리 잡게 되었다는 특징을 보인다. 주자학적 세계 질서에서의 계급 구조는 각각이 다른 형태로 나름대로의 윤리와 경건 의식을 필요로 하는데 반해, 신종교의 형태는 성과 속의 구분이라든지, 남성과 여성, 유교적 질서와 계급 구조에 따른 차별적인 윤리의식을 넘어서고 있다. 까닭에 현대적 의미에서의 종교성에 대한 새로운 이해를 열어나갔다는 점에서 주요한 종교철학적 의미를 지닌다.

마지막으로는 서세동점西勢東漸이라는 시대적 흐름에 눈을 뜬 신종교가 씨름한 주요한 주제는, 도도한 식민주의적 세력에 대해 단호히 대처하고(斥攘外勢) 나라를 든든히 다지며 백성을 편안케 한다는(輔國安民) 깃발을 내세우고 있다. 그러기에 이러한 여러 가지 요소들은 단순히 전통적 입장에서 봉건적인 질서에 머무르지 않는다. 오히려 원시 유교의 이념에도 나타난 바에 한 발짝 다가섰고, 나아가 새로운 세상과 새로운 세계에 대한(革世理念, 後天開闢) 바람이 밑바닥에 깔려 있다. 이러한 신종교의 주요한 흐름을 구체적으로 짚어보자.

사람은 무엇이고, 하늘은 무엇인가: 동학東學

　근대에 들어, 민족주의 신종교 운동의 첫 걸음을 내딛은 이는 경상
도 몰락 양반의 재가녀再嫁女 자손이었던 최제우(1824-64)였다. 우선
최제우가 내세운 후천개벽의 이해는 보국안민輔國安民과 광제창생廣
濟蒼生의 시대 인식에서 출발한다. 자신의 출신 이력에서도 나타나듯
이 유교적 세계 질서에서는 더 이상 의미를 둘 수 없었던 그는 요순
과 공맹의 가르침이 무력해진 시대를 사는 이들의 새로운 이상향을
도모하고 있다. 특별히 민간신앙에서와 유사한 형태의 입신 체험
(1860)을 통해 계시의 말씀을 받은 그는, 이제까지의 유도와 불도의
시대를 넘어서는 새로운 신앙의 세계를 열어나갔다.

　그가 주장하는 종교적 세계는 우선 입신 체험에서 비롯된다. "지
기금지원위대강至氣今至願爲大降 시천주조화정侍天主造化定 영세불망만
사지永世不忘萬事知"44의 21자 주문은, 모든 이에게 무차별로 종교적
세계를 열어주는 열쇠이다. 그리고 이를 통하여 새로운 세계에로 나
아가는데 이 새로운 유토피아의 세계는 '상원갑上元甲 호시절의 만고
없는 무극대도'를 지향하며 이 속에서는 누구나 '지상신선'의 삶을 누
릴 수 있음을 강조한다. 이러한 모습은 유교적 신분관이나 명분론을
거부하는 새로운 평등사상과 종교적 카리스마의 세계를 열어 준다.

---

44 『동경대전』, 「論學文」

일찍이 수운이 1860년 득도 체험 이후로 영부靈符와 주문呪文이라는 형식을 통하여 일반 민중들에게 거리낌 없이 다가가는 종교의 바탕을 마련하였던 것은, 일련의 대중적 포교의 일환으로 채택된 단계였다. 그는 계속해서 '오심즉여심'吾心卽汝心 등의 세계를 보여줌으로써 이러한 신앙이 지향하는 천인합일이라는 궁극적 이상의 자리를 마련하였다. 나와 너의 터울을 넘어서고 귀신과 천지의 터울을 넘어섬으로써, 대립과 분별의 세계를 벗어나서 다원화되고 다중화된 이해를 종합하는 신앙 세계를 이룬 것이다.

수운은 깨달음의 세계를 펼쳐 나가기도 전에 박해로 인해 죽게 되었다. 그리고 2대 교주였던 해월 최시형(1827-1898)은 보다 분명하고 명확하게 이 종교적 세계를 꾸려 나갔다. 즉 수운의 사후 이래로 종말론의 전승 위기를 생활 윤리에서 구체적으로 실천하였고, 이를 체계적으로 조직화함으로써 동학의 가르침이 이 땅의 민중들에게 널리 퍼져 나가게 한 것이다. 그는 '사인여천事人如天'의 세계를 말하면서 어린이나 여성에 대한 천대나 무시를 불식시켰고, 나아가 '사람이 곧 하늘'人是天이라는 생각을 더욱 구체화하여 우리가 사는 세상이 '하늘이 하늘을 먹고 사는'以天食天 유기체적 공동체임을 일깨웠다.

이러한 이해를 통하여 동학사상은 범재신론적 평등사상의 기초를 마련하였고, 평상심의 세계와 종교적 세계가 하나가 되는 경건한 일상의 종교적 삶을 이끌어 내었다. 실제로 해월은 내부적으로 많은 논란이 있었음에도 불구하고 당시 천민계급 출신까지도 동학의 지도자로 세우는 일을 서슴지 않았다. 게다가 동학혁명에 대한 여러 가지 오해에도 불구하고 비폭력주의 사상을 무엇보다 중요하게 받들었으며, '타인打人이면 타천打天'이라고 말하여 무력 사용을 반대하는 주요한 계기로 삼았다.

이후 동학은 1884년 제의 규범을 확정하고 의례 절차의 제도화를 이루었으며, 1878년 체계적인 제도(敎長, 敎授, 都執, 執綱, 大正, 中正)와 교구제도(接主, 包) 등을 확립함으로써 종교적 형태를 구체화했고, 강원도 인제군에 경전 간행소를 설치하여 경전 종교로서의 면모도 갖추었다. 한편 동학의 접주였던 전봉준은 농민혁명(1894)을 시도하면서 집강소執綱所에 동학 조직을 원용하는 등 정치세력화를 이루었으나, 이웃 강대국들의 국제전쟁을 야기하는 주요한 빌미를 제공하기도 하였다. 이후 손병희(1861-1922)는 천도교라는 이름하에 인내천人乃天 사상을 정리하였고, 교정일치敎政一致로 세속화의 모형을 추구하면서 교육 사업에도 진력하였다.

작은 누룩이 온 떡을 부풀리듯: 증산교甑山敎

1895년 동학혁명의 불길이 대지를 뜨겁게 달구던 때에 젊은 강일순(1871-1909)은, 몰려드는 서구세력과 외세의 물결을 온몸으로 마주하였던 역사의 한가운데 있었다. 일찍이 그는 동학의 물결이 크게 기

운을 떨치던 정읍 지방의 몰락한 유생의 집안에서 태어났다. 그러나
동학혁명의 물결은 일본의 침략으로 일순간 물거품이 되어 버렸고,
이를 목도한 일순은 31세 성도成道에 이르기까지 그야말로 이곳저곳
을 방랑하며 새로운 세상과 진리를 모색하게 되었다. 그가 30세경 집
에 들러 조상의 공명첩을 불살라 버렸다는 일화는, 새로운 세상에 대
한 그의 한 조각 마음을 읽게 해 준다.

증산교의 경전인 대순전경大巡典經이라는 뜻에서도 보듯이, 강증산
의 사상적 편력은 동서양과 고금을 막론하는 폭넓은 것이었다. 증산
이 말하는 소위 천지개벽의 공사는, 앞서 보았듯이 유교의 틀을 벗어
나 있었고 방외의 세계를 말한 불교의 석가모니까지도 떨쳐 버린다.45
오히려 마테오리치와 같은 이들의 행적을 높이 평가하여 동과 서를
모두 회통하며 자신의 미륵사상이나 메시아니즘의 기틀로 삼는 것을
볼 수가 있다.

그러나 증산의 경우 앞에서 살펴본 동학이나 최수운의 가르침을
근거로 그 부족하고 불완전한 측면을 보정하여 완성하는 구조를 가
지기에, 이 가르침 역시 개벽의 메시아니즘이라는 범주에서 동학과
같은 흐름의 메시지를 담고 있다. 이런 까닭에 농민과 화전민, 백정
과 무당, 노비등과 같은 천민을 돌아보고, 음양의 원리 하에 남녀의

---

45 『大巡典經』 4-172; 김홍철, 『한국신종교사상의 연구』, 집문당, 1989, 133-
5쪽 참조. 여기에서 증산은 석가모니와 공자 등을 불러 헛된 가르침을 꾸짖
는 모습을 보여준다.

평등을 가르치는 것이나 해원상생解冤相生을 통하여서 천지공사天地
公事를 새로이 이루어 보려는 세계관은 동학의 가르침과 크게 다르지
않다.

다만 그가 강조하는 인간의 적극적이고도 주체적인 이해는, 오늘
날 우리에게 의미 있는 종교철학적 주제를 일깨워 주기도 한다. 즉
'모사재인성사재천謀事在人成事在天'이라는 전통적이고 소극적인 이해
에서 벗어나 '모사재천성사재인謀事在天成事在人'으로 뒤바뀌는 가르
침은, 증산교의 메시아니즘이 새로운 단계에 들어서고 있음을 보여
준다. 까닭에 증산은, 동학과는 달리 전봉준의 행적을 높이 평가하고
그를 신명(朝鮮冥府)의 차원에서 이해하기도 한다. 이러한 측면에서
자그마한 낱알이 시루를 통해 산을 이룬다는 그의 호(甑山)는, 인간의
주체성에 대한 종교적 경지를 새롭게 열어 놓은 셈이 되었다.

증산교는 강증산의 갑작스러운 죽음 이후에 혼란스러워졌고, 여러
분파로 나누어지는 단계를 거치면서 그 힘이 많이 잦아드는 양상을
보였다. 그렇지만 근자에 들어서 박한경 등이 중심이 되어 일으킨 대
순진리회(1972)의 경우는 폭넓게 대중적인 호응을 얻어 자리를 잡아
가는 모습을 보여준다. 특별히 이들은 교육 사업과 의료 사업에 무게
를 두고 꾸준히 확장시켜 나가면서 증산의 가르침을 이어나가는 주
요한 흐름을 이루게 되었다

물질이 개벽되니 정신을 개벽하자: 원불교圓佛教

2006년에 발표된 통계청 자료에 의하면, 지난 10년 사이에 한국에서 무려 50%에 가까운 교세 성장을 보여준 종교가 원불교인 것으로 나타나 많은 사람의 눈길을 끌었다. 원불교는 전남 영광의 소농 출신인 소태산少太山 박중빈(1891-1943)에 의하여 이루어진 신앙 공동체로서, 1916년 4월 28일 25세의 젊은 나이에 새로이 얻은 그의 깨달음에서 비롯되었다. 그는 이 깨달음 이후에 유교의 『사서』와 『소학』, 불교의 『금강경』, 『선요禪要』, 『불교대전』, 『팔상록八相錄』, 선가仙家에서의 『음부경陰符經』, 『옥추경玉樞經』, 동학의 『동경대전』, 『용담유사』, 기독교의 『성경전서』 등을 가리지 않고 폭넓게 읽었으며, 까닭에 이들의 사상에 모두 크게 공명한 것으로 알려진다.

소태산이 깨달음을 얻은 이후에 "물질이 개벽되니 정신을 개벽하자"라는 깃발 아래 첫 번째로 시작한 일은, 1917년 8월에 저축조합을 만든 것이다. 뒤이어 허례허식을 폐지하고 금주금연을 통해 기금을 확보한 소태산은, 계속해서 해변의 간척지를 개간해 경제적 자립을 도모하는 동시에 생활 신앙에로의 구체적인 실천 신학, 즉 영육쌍전靈肉雙全을 추구하였다. 이러한 일련의 실천적인 신앙 공동체의 실험을 통해 자신을 얻은 소태산은, 본격적으로 교법의 체계를 구성하기 위해 '불법연구회'46라는 조직을 마련하여 교화 및 훈련을 시작하였다.

이러한 소태산의 일련의 행적은, 크게 보아 수운과 증산이 내세운 주요한 가르침의 내용을 보다 현대적인 모습으로 되풀이한 것이라고 볼 수 있다. 그의 언행을 모아 책으로 엮은 『대종경』에 나타난 바에 의하면, 그가 후천개벽을 이해할 때에는 언제나 수운과 증산 그리고 소태산을 나란히 놓고 예로 들어 설명하였던 것으로 나타난다.47 아울러 그는 시대와 역사의 흐름을 놓치지 않고 바라보는 눈을 가지고 있었다. 이는 소태산이 3·1 운동 발생 소식을 전해 듣고, 이를 '개벽을 재촉하는 상두소리'로 받아들이면서 서둘러 종교적 체계를 갖추려고 한 사실에서도 드러난다.48

이런 마음과 정신의 개벽에 대한 이해는, 후계자인 정산鼎山(1900-1961)에 의해 세상에 더욱 잘 드러나게 되었다. 그는 소태산의 언행록을 모아 『대종경』을 편찬하였고, 교명을 원불교로 개칭하면서 『원불교교전』을 완성함으로써 보다 뚜렷하게 신앙 공동체의 성격을 규정해 내었다. 오늘날 원불교는, 원광대학교를 비롯한 다수의 교육기관, 의료기관, 사회복지기관을 통해 원불교의 가르침을 사회에 폭넓게 펼치는 일을 쉼 없이 도모하고 있다. 또한 원불교의 교세는 국제적으로도 많은 이들의 눈길을 끌 정도로 세계로 발걸음을 넓혀나가고 있

---

46 이 단체는 소태산이 죽은 이후 1946년 원불교라는 명칭을 가지고 새로 태어난다.

47 『대종경』, 변의품32; 김락필, 『한국근대민중종교사상』, 학민사, 1983, 182-3쪽 참조

48 김락필, 위의 책, 183-4쪽.

다. 게다가 세계화에 걸맞는 일원상一圓相의 원리와 영육쌍전 및 이사
병행의 가르침 등은 보편성을 이루어나가는 좋은 터전이 되고 있다.

더불어 어우러지는 비나리의 세계

근대 한국의 역사에서 드러났던 민족주의 신종교들은 하나같이
다음과 같은 공통점을 지니고 있다. 우선 믿음의 세계에서 드러나는
여러 가지 문화나 교리 형태와 명칭에 구애받지 않는다는 사실이다.
둘째로 이웃종교들의 가르침이나 제례의 양태, 신앙 생활 등의 긍정
적 요소를 나름대로 취사선택하여 받아들인다는 점이다. 마지막으로
무엇보다도 가르침을 교리나 추상의 자리에 올려 놓기보다는 삶에
뿌리내리는 생활 신앙의 길을 내세운다는 사실이다.

앞서 언급했다시피, 동학과 증산교, 원불교 등은 한결같이 유교와
불교, 선도仙道 등의 내용과 용어 등을 서슴없이 이끌어와 가르침에
담고 있으며, 때로는 포교 목적상 의도적으로 사용하는 경우까지 나
타나는 것을 볼 수 있다. 거슬러 올라가 따져 본다면, 이러한 종교적
습합은 근대의 신종교 운동뿐만 아니라 뿌리 깊은 전통을 가진 불교
와 유교가 이 땅에 둥지를 틀던 때에도 끊임없이 되풀이하였던 현상
이기도 하다.

고대국가 시기에 있어서 주도적으로 체제의 기틀을 이루었던 유

교의 경우, 무교와 어우러지면서 특별히 구분할 필요가 없을 정도로
두 가지 종교적 특성이 혼재되어 나타나는 것을 볼 수 있다. 게다가
부락 공동 제의나 당산제, 성인 숭배 등이 혼재 양식으로 자리 잡고
있는 것이라든지, 무가巫歌에서의 옥황상제가 자연스레 등장하는 것
이나 조상거리와 조상굿의 등장 그리고 초혼招魂과 음복飮福신앙의
혼재가 상호 간에 어우러지고 있기도 하다. 중국에서도 이와 다를 바
가 없어서, 도교 이론가인 갈홍의 『포박자』에서는 겉으로 유교이나
내면으로는 도교의 형태를 이상으로 삼는 방편(內道外儒)을 말하고 있
다. 또한 유교의 주요한 경전인 『춘추』에도 좌씨전左氏伝의 경우는,
한대 이후의 학자들에 의해 상당한 정도 민간신앙의 영향 아래 있다
고 평가받을 정도이다.49

불교의 경우도 예외가 아닌데, 한반도 대부분의 절에는 삼성각이
나 산신각, 칠성각 신앙이 대웅전과 어깨를 나란히 하고 있고, 제물
에서도 농경신앙의 흔적이 자리 잡고 있는 것으로 보아 그 뿌리가 캐
낼 수 없을 정도로 깊어 보인다. 관음이나 지장 신앙이 무교의 바리
데기 공주 설화와 맥을 같이하면서 중보자 설화로 나란히 자리 잡고
있는 것도 나름대로 속 깊은 사연이 있는 셈이다. 불교와 도교의 습
합은 앞에서도 이미 살펴보았듯이 격의불교에서의 주요한 개념들이
노장사상의 유사 개념으로 번역된 데에서도 확인되고 있으며, 우리

<hr>

49 任繼愈主編, 권덕주 역, 『중국유가와 도가』, 동아출판사, 1993, 54쪽.

나라에서도 일찍이 팔관회라든지 연등회 등이 민간신앙의 변형된 형태로 자리 잡았다는 사실은 다시 되풀이되는 내용이다.

기독교의 경우 일찍이 일본에 자리 잡은 천주교의 신 명칭인 Deus가 대승의 언어 형태를 빌려 습합되어서 받아들인 적이 있었고,[50] 경주 불국사에 전래된 마리아상이나 십자가상 등은 기독교가 일찍부터 불교와 습합된 사례임을 보여준다. 또한 마테오리치의 『천주실의』에서 상제 호칭이 등장한 이래로 한국의 개신교에서조차 상제=하나님 호칭이 공식회의 석상에서 아무 거리낌 없이 사용되었던 사실은 매우 놀랍다.[51] 게다가 '장생불사', '장생불로' 등의 용어는 찬송가를 통해 영생의 진리를 담는 내용으로 폭넓게 인식되었다.[52] 천주교 역시 초기부터 '천주공경가' 등에서 '부모효도 천주공경'을 으뜸으로 놓아 전통적인 수신제가 치국평천하 이념과 복음을 연결하였다

오늘날 산업사회의 첨단을 달리고 있는 문명의 한가운데에서도 이렇듯 더불어 어우러지는 신앙의 깊은 뿌리는 더 생생한 생명력을 보여준다. 오늘날 우리 삶 속에서 찾아볼 수 있는 대표적인 모습으로는 강릉 단오제 같은 경우를 들 수 있다. 이 축제의 시작은 조선 500

---

50 Julia Ching, 변선환 역, 『유교와 기독교』, 분도출판사, 1994, 48쪽.
51 1920-30년대 감리교 연례회의 보고서에서는 교계 지도자들 사이에 이러한 용어가 자주 발견된다. 「기독교조선감리회 동부, 중부, 서부 제2회 연합연회록」 1932년, 139쪽 이하 참조.
52 이만열, 『한국기독교사특강, 성경읽기사』, 1989, 75쪽.

년을 거치면서 자리 잡은 유교적 형태의 고유제가 첫 삽을 뜨게 된다. 그리고 단오제의 주신을 모시는 과정은 고려시대 불교의 국사를 내세움으로써 불교 전통을 또 한 축으로 담아내고 있다. 이후 진행되는 풀뿌리 백성들과의 어우러지는 한판 마당은 끈질기게 이어져 내려온 무속신앙의 전통을 담고 있다.[53] 결국 이같이 어우러지는 비나리의 모습들은 오늘날 이 한반도에서 삶을 이어가고 있는 한민족의 집단무의식 세계의 지도를 고스란히 펼쳐 내고 있다는 점에서 우리에게 커다란 보물창고라고 말할 수가 있을 것이다.

▌더 읽을거리

김승혜 외, 『한국신종교와 그리스도교』, 바오로딸, 2002.
김홍철, 『한국신종교사상의 연구』, 집문당, 1989.

---

53 김수남, 『강릉단오제』, 눈빛, 2007.

제10장

마무리 글: 이웃종교 만나기

도깨비방망이 멜기세덱들

세 가지로 나누어 보기

인류가 가꾸어온 지혜 전통들

두 손 모아 하늘소리 듣기

이 세상의 만물은 보이는 것보다 훨씬 더 통전적이고, 보이는 것 이상으로 탁월하며, 생각보다 훨씬 더 신비적인 것이라고 모든 지혜전통에서 말한다. 이 가운데서 인간은 어떻게 해야 좀 더 바람직한 삶의 형태가 가능할 것인가를 물어야 한다. 종교적인 삶의 중심에는 특별한 형태의 희열과 필연적으로 수반되는 초기의 고통이나 역경에다가 소망에 이르는 행복한 결말의 모습을 담고 있다. 우리는 일상생활 속에서 이런 기쁨을 어렴풋이나마 짐작할 뿐이다. 종교적인 인간이란 번뜩이는 자신의 통찰을 임재하는 영감으로 바꾸는 존재이다. 대체로 오늘날의 세계에서 이러한 통찰과 영감이 어떻게 가능할 것인가. 우리에게 있어서 종교가 바람직한가, 그렇지 못한가. 단지 한 가지 종교적 전통에 몸담아야 하는가 아니면 어느 정도 모두에 대해 포용할 수 있어야 하는가. 게다가 갖가지 이념과 세속적인 것 그리고 성스러운 것들로 갈갈이 나뉜 다원적 세계 속에서 어떻게 처신해야 할 것인지의 물음이 남는다.

도깨비방망이 멜기세덱들

히브리 신앙이 비롯되는 것으로 알려진 성서의 아브라함의 이야기에는 정체를 전혀 알 수 없는 멜기세덱이란 인물이 등장하여 아브라함의 종교적 기원을 설명하는 모습이 엿보인다. 여기서 아브라함은 그로부터 축복을 받았고, 후에 십일조를 드리면서 종교적 서원을 함으로써 이른바 히브리 신앙의 첫 발자국을 내딛는 것을 볼 수가 있다. 이러한 전통을 이어받아 신약성서의 히브리서에서는 이 뜬금없는 새로운 인물의 출현에 대해 설명하면서, 기독교 신앙의 근거를 이루는 그리스도론을 펼쳐나가기도 한다.

사실 멜기세덱은 기독교 전통이나 유대교 전통에서 보면 매우 낯선 인물임에 틀림없다. 토착 세력인 팔레스티나 지역의 종교 지도자라는 배경을 갖기 때문이다. 따라서 히브리 전통에서는 이를 선뜻 수용하기가 어려운 까닭에 덧붙여 말하기가 곤란하게 마련이다. 그런데 신약성서에서는 오히려 이러한 측면을 적극적으로 활용하여 그리스도의 제사장 직분에 대한 정당성의 근거로 삼아 그리스도론을 전개하였던 것이다.

이렇듯 희랍 세계를 만나면서 드러나기 시작한 기독교의 삼위일체 교리는, 새로운 지평을 열어주는 도구가 된다. 삼위일체론은, 기독교 원시 공동체가 한편으로 구체적이고 체험적인 형태의 성서 일화들을 통해 나름대로 유대 공동체에서 물려받았던 유산들을 간직하면서도 동시에 변화된 희랍 세계 속에서 새로운 신앙고백 형태를 일구어내었던 해석학의 양식이다. 이는 그들의 삶의 자리가 유대라는 풍토를 벗어나 더욱 다양다기한 넓은 세계 특히 사색과 논리라는 희랍 철학의 존재 양식과 부딪히는 데에서 비롯된다. 결국 새로운 신앙 공동체는 자신의 정체성을 밝히고 복음을 해명해 나가기 위해 삼위일체 해석학의 세계를 엮어나갔다.

21세기 지구 마을을 살아가는 인류에게 있어서 서로 이웃이 되어버린 다양한 종교들의 존재는 매일매일 많은 수수께끼와 물음을 던지기 마련이다. 더구나 지정학상으로 강대국의 틈바구니에서 부대끼며 이어져 내려온 한반도에서의 삶은 더욱 그러하다. 까닭에 필자는 어설프게나마 귀를 기울여 이웃 종교들이 말하는 바를 얼기설기 엮어보았다. 짧은 글이나마 앞에서의 고찰을 통하여 생의 번뇌에 대한 붓다의 진단은 무엇이었으며, 공자가 말한 군자의 이상향이나 음/양의 상징이 보여주는 것들 그리고 초기 기독교인들을 떠들썩하게 했던 '복된 소식'이 무엇인지 살펴보았고 이러한 가르침이 이 땅 위에서 어떻게 굽이쳐 흘러 내려왔는지를 짚어 보았다.

그러나 주마간산격으로 훑어보고 우리의 자질구레한 지식의 창고에 쌓아 놓은 것으로 그쳐야 한다면, 정신없이 볶아쳐대는 오늘날의 삶에서 이는 거추장스러운 걸림돌로 남을 수도 있다. 책을 덮고 숨을 고르며 발걸음을 헤아려 보는 일련의 과정을 통해 우리의 모습을 찬찬히 되짚어보는 것이 필요하다. 우선 이 종교들을 살펴보아 그들 서로 간의 상관관계에 대해 엮어 보는 것이다. 모두 무엇인가를 다양하게 말하면서도 무엇인가 같은 목소리로 강조하는가? 그리고 이렇듯 모든 것이 가능한 종교적 세계 속에서 어떻게 자신을 추스르며 자리를 잡을 수 있을까?

세 가지로 나누어 보기

오늘날, 한치의 빈틈도 없이 하나하나 꿰맞추어 이루어진다고 생각되는 자연과학에서조차 만물은 서로서로가 상호 영향을 주고받으며 특정한 관계와 목적을 지니고 맞물려가게 마련이다. 까닭에 소위 신물리학의 세계에서는 어떤 입자든지 그대로의 상태로 파악되지 않고 관찰자와의 상호관계성 안에서 파악된다고 이야기한다.

하물며 기나긴 인류의 역사와 문화를 뿌리 깊이 담아내고 있는 종교의 세계에 다가서려는 이들에게는 더더욱 다기한 문화와 인간 현상에 대한 폭넓은 시각과 아울러 인간 존재에 대한 깊은 이해와 열린 마음 자세가 요청된다. 다른 종교들을 어떻게 바라볼 것인가 하는 점에 대해서는 일반적으로 다음 세 가지가 가능할 것이다.

첫 번째 견해는 어떤 종교가 다른 종교에 대해서 우월하다고 보는 것이다. 오늘날 세계 모든 사람들은 서로서로를 더 잘 알게 되었기 때문에 과거보다는 이런 모습이 많이 줄어들었다. 간략하게나마 살펴보았지만, 세상의 어느 누구도 다른 것보다 우월하다고 자신 있게 내세워 말할 수 없을 정도로 인간의 종교 현상은 그 폭이 넓고 깊으며 또한 헤아리기 어렵다.

두 번째 입장은 앞서와는 정반대로 모든 종교가 기본적으로 동일하다고 보는 것이다. 이 견해에 따르면, 각각의 차이점이 드러나기도 하지만 이것은 모든 종교가 합치되는 영속적인 진리와 비교할 때는 부수적인 형태에 불과하다는 것이다. 언뜻 이러한 모습은 인간의 하나 됨에 관한 우리의 소망을 대변해 주는 것이다. 그러나 자세히 보면 이것은 가장 애매모호한 것이 될 수 있다. 이런 식으로 겪어 보지도 못하고 막연하게 보편성만을 추구하다 보면, 종교에 몸담고 있는 이들의 나름대로 고유한 특성과 본질을 놓치기 쉽다. 사실 이러한 태도는, 무엇 때문에 힌두교와 불교가 나뉘었고, 유대교와 기독교, 이슬람이 왜 다른가의 문제점을 보지 못하게 마련이다.

세 번째 입장은 종교란 스테인드글라스와 같은 상호적 관계에 있기 때문에 각자의 형상에 따라 다른 색깔로 태양을 비춰 주고 있다는 것이다. 이 비유는 종교들 사이의 상대적인 가치들을 전면에 내세우지 않으면서도 주요한 차이점들은 인정해 주고 있다. 만약 사람들이 서로 다른 기질을 지니고 있다면, 이러한 차이점은 그들의 표현 방식에 대해서도 다른 각도에서 볼 수 있다는 말이 된다. 하나님은 신적인 계시로 들리거나 이해되기 때문에 듣는 각 개체의 방식에 따라 표현될 수도 있다는 말이다.

이같이 세계 종교를 이해하는 세 가지 분명한 양식을 머리에 담아 두고서, 이제 우리는 전 세계의 인류들이 다양하게 담지하면서도 한결같이 말하는 바가 무엇인지를 살펴보도록 하자.

인류가 가꾸어온 지혜 전통들

오늘 지구마을이 되어서 나란히 이웃하게 된 인류의 지혜 전통은 무슨 내용을 담고 있을까. 어느 문화권이든 간에 오랜 기간 동안 오로지 종교만이 실재에 대한 그 궁극적 성질을 보여준다고 생각한 듯하다. 16, 7세기에 이르러서는 그러한 가설들이 하나 둘 무너지면서 여러 가지 깊이 있는 검증을 통해 과학적 가설들이 입증되기 시작했다. 그리고 3백 년에 걸친 혼란과 북새통의 틈바구니에서 실제에 대한 의미 있는 평가나 의미, 목적 등을 과학적인 틀에 의해 건져 올리려고 안간힘을 쓰기도 하였다. 그럼에도 이 같은 노력은, 마치 너른 바다에서 어부의 그물이 건져내는 모습과 같이 어쩔 수 없는 한계를 가질 수밖에 없을 뿐이다.

이 문제를 좀 더 폭넓게 다루는 길은 무엇이겠는가. 오늘날 미래사회를 꿈꾸는 이들은 다시금 지혜 전통이 제시하는 세계관을 진지하게 되새겨보기에 이르렀다. 물론 그 내용이 모두 영원불멸하는 지혜라고는 섣불리 말할 수는 없다. 따져 보자면 현대 과학은 그러한 우주론을 삼켜 버렸고, 이들 속에 담겨 있는 성 차별이라든지 계급 구조 등 당시의 사회적 한계들은 오늘 변화하는 세계와 정의로운 노력들에 비추어 보아 계속 재평가되어야만 한다. 그럼에도 세계 종교의 지혜 전통들은 실재와 삶의 방식에 대한 나름대로의 귀중한 보물을 깊은 우물 속에 아직도 남겨 놓고 있다.

이 지혜들은 도대체 무엇이 특별한 것일까? 윤리적 측면에서 본다면 십계명 같은 경우는 모든 문화 세계에서 공통적으로 드러나고 있다. 사람들이 모두 이를 존중하고 있음에도 사실 이 세계가 더 이상 나아지지 않는다는 것을 상기해 보아야 한다. 까닭에 윤리적 문제로부터 바람직한 인간의 모습으로 나아가는 일이 지혜 전통의 중심 되는 문제임을 알아차려야 한다. 아시아 종교에서는 이러한 지혜의 자리를 무엇보다 중요하게 생각하며, 이를 이루기 위해서는 오래 씨름하면서 깨끗한 마음의 세계를 지닐 수 있어야 한다고 말한다.

종교라고 하는 것은, 평상시에는 느낄 수 없었던 좀 더 통전적인 형태를 바라다보는 것에서부터 출발한다. 그런데 우리의 삶 한가운데에서는 이 전체적인 조망이 불가능하다.(가끔 산에 오르다보면 이러한 모습을 쉽게 깨닫곤 한다.) 단지 우리는 여기저기를 집적거리거나 이기적 관심에 집착하면서 왜곡되기 일쑤이다. 마치 커다란 융단의 뒷면만을 보는 것과 비슷하다. 이 지혜 전통은 이렇듯 수수께끼와 같은 알쏭달쏭한 삶의 터전에서 온전한 의미가 드러나는 모습을 찾아나가는 진지하고도 끈질긴 구도자에게서 흘러나온다. 조각조각 흩어진 모든 부분이 연결해서 전체적 모양의 조화와 아름다움이 이루어지게 되면, 알 수 없었던 각자의 중요한 의미가 확연히 드러난다.

지혜 전통에서 볼 때 세상의 만물들은 그들이 생각한 것 이상으로 통전적인 것일 뿐만 아니라 동시에 탁월한 것이다. 천체물리학의 세계에서 보면, 우주란 우리가 생각할 수 있는 그 이상의 것을 보여준다. 따라서 지혜 전통의 결론은 그 세계가 우리의 감각 세계를 뛰어넘는다는 것을 알려준 셈이다. 까닭에 이 지혜 전통의 샘터에 목을 축이게 되면 그 어디서도 찾아볼 수 없는 존재의 풍성함으로 걸어 들어가게 마련이다. 아트만이나 불성 등은 마음에 즉각적으로 임하는 것을 말하고, 또한 인간이 부르짖기 전에 미리 안다는 랍비들의 천사 이해에도 이러한 모습이 새겨져 있다. 성 바울 역시 하나님 형상으로 화하여 영광에 이르는 세계를 제시하고 있다.

사물의 일체감이나 그 측량 불가의 가치를 넘어서는 것이 지혜 전통의 세계상이다. 실재란 언제나 불가항력적인 신비에 직면하게 한다. 우리는 신비 속에서 탄생했고, 신비 속에서 살아가며, 신비 속에서 죽게 된다. 신비란 것은 인간의 정신으로는 어떤 형태로도 해결할 수 없는 특별한 종류의 문제를 가리키고 있다. 우리가 이해하려고 할 수록 그와 관련된 알 수 없는 수많은 일들이 뒤따르게 마련이다. 신비 속에서 드러나게 되고, 우리가 이해할 수 없다는 것을 깨닫게 되는 것은 동시에 일어나는 것이다. 지식의 섬이 크면 클수록 경이로움의 해안선도 끝없이 늘어난다. 마치 우리가 그 형태를 이해할수록 더 낯선 세계에 접하게 되는 양자 역학의 세계와 같은 것이다.

이 세상의 만물은 보이는 것보다 훨씬 더 통전적이고, 보이는 것 이상으로 탁월하며, 생각보다 훨씬 더 신비적인 것이라고 모든 지혜 전통에서 말한다. 이 가운데서 인간은 어떻게 해야 좀 더 바람직한 삶의 형태가 가능할 것인가를 물어야 한다. 종교적인 삶의 중심에는 특별한 형태의 희열과 필연적으로 수반되는 초기의 고통이나 역경에다가 소망에 이르는 행복한 결말의 모습을 담고 있다. 우리는 일상생활 속에서 이런 기쁨을 어렴풋이나마 짐작할 뿐이다. 종교적인 인간이란 번뜩이는 자신의 통찰을 임재하는 영감으로 바꾸는 존재이다.

대체로 오늘날의 세계에서 이러한 통찰과 영감이 어떻게 가능할 것인가. 우리에게 있어서 종교가 바람직한가, 그렇지 못한가. 단지 한 가지 종교적 전통에 몸담아야 하는가 아니면 어느 정도 모두에 대해 포용할 수 있어야 하는가. 게다가 갖가지 이념과 세속적인 것 그리고 성스러운 것들로 갈갈이 나뉜 다원적 세계 속에서 어떻게 처신해야 할 것인지의 물음이 남는다.

두 손 모아 하늘소리 듣기

어느 한 지혜 전통이 우리에게 말을 건넨다면 , 우리는 이를 조용히 경청하는 것으로 시작한다. 이러쿵저러쿵 비판할 필요가 없다. 왜냐하면 이 새로운 사건은 우리에게 새로운 의무를 요청하는 것이고, 유한한 모든 것은 어느 정도 흠이 있게 마련이기 때문이다. 계속해서 이를 경청하고 있으면, 한 가지 인생 구조 속에서 담아낼 수 없었던 더 넓은 진리의 존재를 알게 되는 법이다. 아울러 우리는 세속주의자들을 포함한 또 다른 이들의 신앙 형태 대해서도 문을 열어 놓아야 한다. 이 속에서 무엇보다도 중요한 점은 먼저 경청해야 하는 것이다.

구태여 강조하지 않더라도 다원화된 오늘의 지구촌 시대에 이러한 자세는 필연적으로 다가오고 있다. 오늘날의 공동체는 더 이상 각각의 전통에 갇혀 있는 것이 아니라 전 지구적인 이웃이 되었다. 신앙인이라 함은 하늘이 이루는 곡괭이 소리를 듣는 사람들이다. 이러한 이해는 고등종교 내의 본래적인 가치이고, 이는 무엇보다 상호존중을 필요로 한다. 두 손 모아 하늘의 소리를 듣는 것은 바로 사랑의 마음을 품어야 하는 작업이다. 이 사랑은 서로 다른 이들에 대한 의혹과 오해의 불길을 잠재울 수 있는 유일한 능력이며, 작기는 하지만 매우 소중한 이 지구의 인간들을 서로서로 연결시켜 주는 하늘의 선물이다.

이러한 사랑이라는 것은 서로를 이해하게 된다는 것을 뜻한다. 이 말은 역으로도 성립하는 것이다. 사랑은 이해를 가져온다. 이 두 가지는 상호적이다. 그러므로 우리는 이해하기 위해서 경청해야만 하고, 또한 지혜 전통 모두가 담고 있는 사랑을 실천하기 위해서도 마땅히 경청해야만 한다. 우리가 이 종교들에 대해서 진지하다면, 마땅히 그들이 주시해 주길 바라는 만큼 진지하고 성실하게 그들을 주목해야만 하는 것이다. 경청하지 않고 말하는 것보다 더 사람을 무시하는 것은 없다.

특별히 이 땅에서 만났던 근대 신흥 민중종교에서 공통적으로 드러나는 후천개벽의 메시아니즘이라든지, 무극대도의 신선사상을 폭넓게 수용하고, 갖가지 주문 등을 대중화의 방편으로 받아들이고, 종이를 태워 먹물을 마신다든지 하는 모습들은, 기본적으로 신앙의 세계에서 말하는 가르침을 폭넓게 더불어 누리려는 자세를 드러내 준다. 이러한 모습은 교리와 신조를 도깨비방망이처럼 휘두르는 서구의 종교 양식과는 다르게 하늘과 땅처럼 커다란 차이를 보여준다. 이러한 점을 일찍이 알아차린 이들은, 서구적인 세계관을 가지고 이 땅에 복음을 전하기 위하여 다가왔던 몇몇 선교사들이었다.

중국과 일본 그리고 한국에 차례로 발을 내디딘 이들의 한결같은 목소리는, 동아시아에서 살아가는 이들이 여러 가지 종교를 모순 없이 받아들이는 방식의 '더불어 누리는' 신앙의 세계였다는 사실을 말하고 있다. 이 같은 사실은 동양의 선교를 본격적으로 뿌리내린 중국의 예수회 선교사 루지에리와 리치의 선교 방식에 커다란 변화를 기초하였다. 까닭에 선교사들은 무엇보다도 중국의 문화와 사유 방식을 익히는데 힘을 기울였고, 때로는 승려복을 입거나 유학자의 복장을 거리낌 없이 빌려서 복음을 알리는 일을 서슴지 않았다.[54]

'더불어 누리는' 마음 자세가 없다면 복음도 없고, 선교도 없는 셈이다. 기독교에서 말하는 기쁜 소식의 알맹이도 역시, 바로 하나님이 높디높은 하늘 보좌 위에 앉아 계시지 않고 이 땅의 피붙이 살붙이들과 더불어 지내시기 위해서 몸소 사람으로 나셨다는 것이기 때문이다. 종교의 세계에 있어 이 '더불어 누리는' 삶의 형태는, 동아시아에서 극히 자연스럽게 이루어지는 하늘과 땅 그리고 인간의 어우러짐에 대한 정신세계를 잘 비추어준다. 그리고 이 가운데 일어나는 헤아릴 수 없는 신비로운 역사는, 인간이 구구하게 말로 다 풀어낼 수 없는 수수께끼일 뿐이다.

▌더 읽을거리

김승혜, 『동아시아 종교전통과 그리스도교의 만남』, 영성생활, 1999.

---

54 한국기독교사연구회, 『한국기독교의 역사1』, 기독교문사, 1989, 50쪽. "과연 선교를 하고 있는가 하고 의심이 갈 정도로 신부들은 … 남은 시간이 있으면 무엇보다 중국의 언어, 문화, 예법을 익혀 중국인들에게 자신들의 모범적인 삶의 자세를 보여줌으로써…."

찾아보기

【ㄱ】

【기타】

이 땅에서 만나는 이웃종교들

인쇄일 2008년 1월 20일

발행일 2008년 1월 30일

지은이 이종찬

펴낸이 박길수

펴낸곳 도서출판 모시는사람들(1994.7.1 제1-1071)

　　　　110-775 서울시 종로구 경운동 88 수운회관 1207호

　　　　전화 02-735-7173 팩스 02-730-7173

　　　　http://www.donghakbook.com ｜ sichunju@hanmail.net

편집인 소경희

디자인 이주향

출력소 삼영그래픽스(02-2277-1694)

인쇄소 (주)상지피엔비(031-955-3636)

배본소 (주)문화유통주(031-937-6100)

ISBN 978-89-90699-56-5